喜楽研の支援教育シリーズ

ゆっくり ていねいに 学びたい子のための

ことばあそび ①

文字と単語の抽出
似ている音
似ている文字
特殊音節
あいさつの言葉
季節の言葉

企画・編著 ／ 原田 善造

はじめに

昨年、算数教材『スモールステップで学びたい子のための 教科書にそって学べるさんすう教科書支援ワーク』発刊後、支援教育を担当されている先生や学級担任をされている先生方から、「こくご教材も作ってほしい。」との声を多数いただきました。

そこで、「どの子にもわかりやすく、どの子にも理解できる」という観点に留意し、さらに「ゆっくりていねいに、段階を追った学習ができる『こくごワーク』シリーズ」の作成を目指しました。「ひらがなワーク」「カタカナワーク」「ことばワーク」では、一つの文字や一つの言葉の読み書き、意味、音節構造をゆっくりていねいに学習できるよう工夫しています。それぞれの子どもに適した支援のワークシートを選択して、お使いください。

また、子ども個人用のワークブックがわりに使えるものを、との声にも応えて、本シリーズは子どもがそのまま記入して使える大きさのＡ４サイズのワークシート集として作成しました。

本書では、読み書きが苦手な子どもがつまずきやすい部分に着目し、それぞれ適した支援が選択できるよう多様なワークシートを作成しました。文字の習得が難しい、文字の形と音が結びつきにくい、一文字一文字は読めても単語をスムーズに読めない、などの「読むこと」に困難さを抱える子どもがいるかもしれません。また、文字が覚えられない、文字の形が整わないなどの理由で「書くこと」を苦手、面倒だと感じているような子どももいるかもしれません。そのような子どもたちが、自分にあった「ことばあそび」ワークシートに楽しく気軽に取り組み、文字や言葉に親しむことで、言葉の理解を深めたり、語彙力を高めたりする効果が期待できます。

本書を通して、読み書きが苦手な子どもが「理解できない」「達成感がない」苦しさから少しでも解放され、「わかる喜び」「できた！という達成感」がもてるようになることを願ってやみません。

本書作成のために、特別支援学級や支援教育にたずさわっておられる先生方からたくさんの貴重なご意見をいただきました。あらためて御礼申し上げます。

二〇一六年十二月

編著者　原田　善造

本書の特色

楽しい「ことばあそび」をしながら、ゆっくりていねいに段階を追った学習ができます。

読み書きが苦手な子どもでも楽しく、ゆっくりていねいに段階を追って取り組めるよう工夫しています。平易な言葉ばかりを使ったワークシートから、促音・長音・拗音などの特殊音節を含む言葉を混合したワークシートまで、子どもたちの学習状況に対応できるよう作成しています。楽しく「ことばあそび」をしているうちに文字や言葉に親しみ、より理解の深まる学習ができます。

豊かな内容が子どもたちの確かな学力づくりに役立ちます。

教科書や、特別支援教材の内容を研究し、小学校の特別支援学級や支援教育担当の現場の先生方のアドバイスをもとに問題を作成しています。

多様なワークシートから、子どもがつまずきやすい部分にあわせてシートを選択できます。

読み書きが苦手な子どもがつまずきやすい部分に着目し、それぞれ適した支援が選択できるよう多様なワークシートを作成しました。文字の形と音が結びつきにくい、似ている音がうまく認識できない、一文字一文字が読めても単語をスムーズに読めない、また、特殊音節を含む言葉の読み書きでつまずくなど、子どもの困難な部分にあわせてそれぞれ適切なワークシートを選択できます。

あたたかみのある説明イラストで、日常的な言葉の定着と語彙の拡大を図ります。

日常的に用いる言葉を多く取り上げ、語彙の拡大と、普段の生活での反復使用による言葉の定着を促します。どの言葉にもわかりやすい説明イラストを掲載し、言葉の理解を深めます。イラストの補助なしに文字列だけの問題に取り組めるような子どもであれば、イラスト部分を隠して取り組めるよう工夫されています。また、イラストの色塗りなども楽しめます。

学校現場では、本書ワークシートを印刷・コピーして児童に配布できます。

ゆっくりていねいに学びたい子のための　ことばあそび①

文字と単語の抽出　似ている音　似ている文字　特殊音節　あいさつの言葉　季節の言葉

もくじ

読み支援

かくれんぼクイズ

ことばえらびクイズ

めいろ

本書ワークの使い方

かくれんぼクイズ　9・16・49ますの　もじ／1れつの　もじ

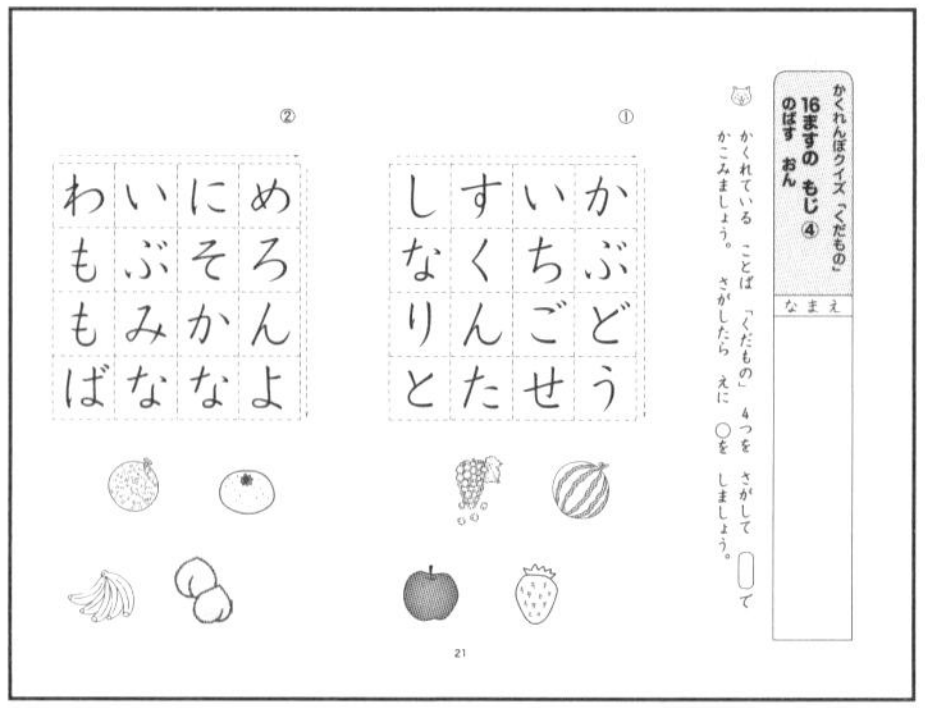

かくれんぼクイズ「くだもの」
16ますの　もじ ④
のばす　おん
なまえ
かくれている　ことば「くだもの」4つを　さがして（　）で　かこみましょう。　さがしたら　えに　○を　しましょう。

①
かぶどう
いちごせ
すくんた
しなりと

②
めろんよ
にそかな
いぶみな
わももば

21

16ますのもじ

『9・16・49ますの　もじ』は、マス目のひらがな文字に隠れている言葉を探して○で囲むワークシートです。16ます・49ますでは、「くだもの」など種類別の言葉を出題しています。すべての言葉に説明イラストが付いています。

9ます・16ます・49ますそれぞれで、特殊音節（促音・長音・拗音）を含まない言葉だけで出題しているシートと、特殊音節を含む言葉を混合して出題しているシートがあります。児童の理解の程度や学習状況に応じて使用してください。

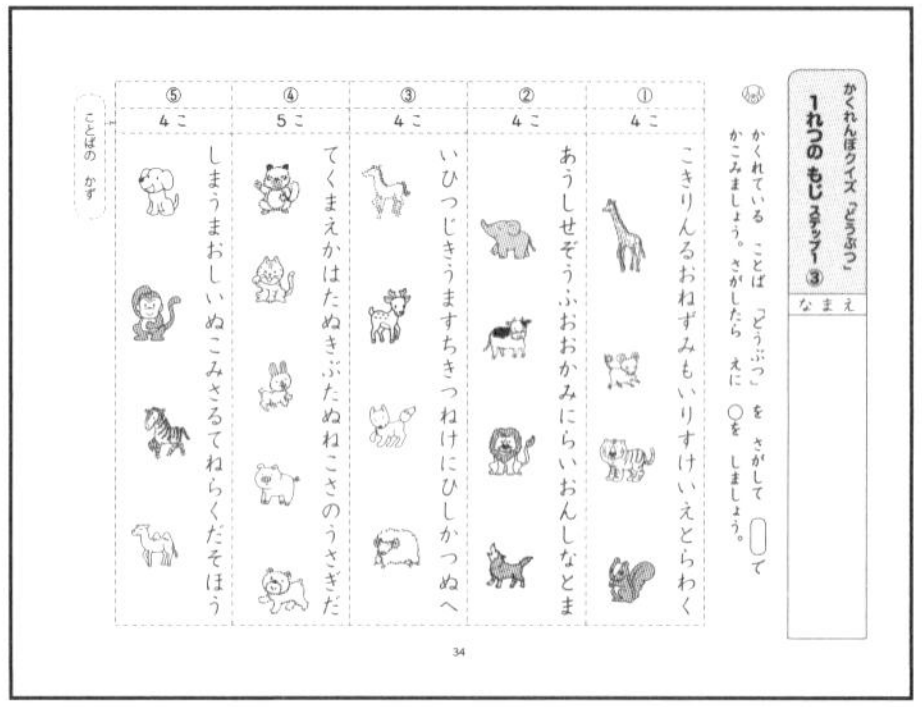

かくれんぼクイズ「どうぶつ」
1れつの　もじ　ステップ1 ③
なまえ
かくれている　ことば「どうぶつ」を　さがして（　）で　かこみましょう。　さがしたら　えに　○を　しましょう。

①	②	③	④	⑤
4こ	4こ	4こ	5こ	4こ
こきりんるおねずみもいりすけいえとらわく	あうしせぞうふおおかみにらいおんしなとま	いひつじきうますちきつねけにひしかつぬへ	てくまえかはたぬきぶたぬねこさのうさぎだ	しまうまおしいぬこみさるてねらくだそほう

ことばの　かず

34

1れつのもじステップ1

『1れつの　もじ』は、たて一列のひらがな文字に隠れている言葉を探して○で囲むワークシートです。「やさい」「どうぶつ」など種類別に言葉を出題しています。すべての言葉に説明イラストが付いています。

ステップ1では、各問題の文字列枠内に該当イラストを配置し、より容易に取り組めるつくりです。

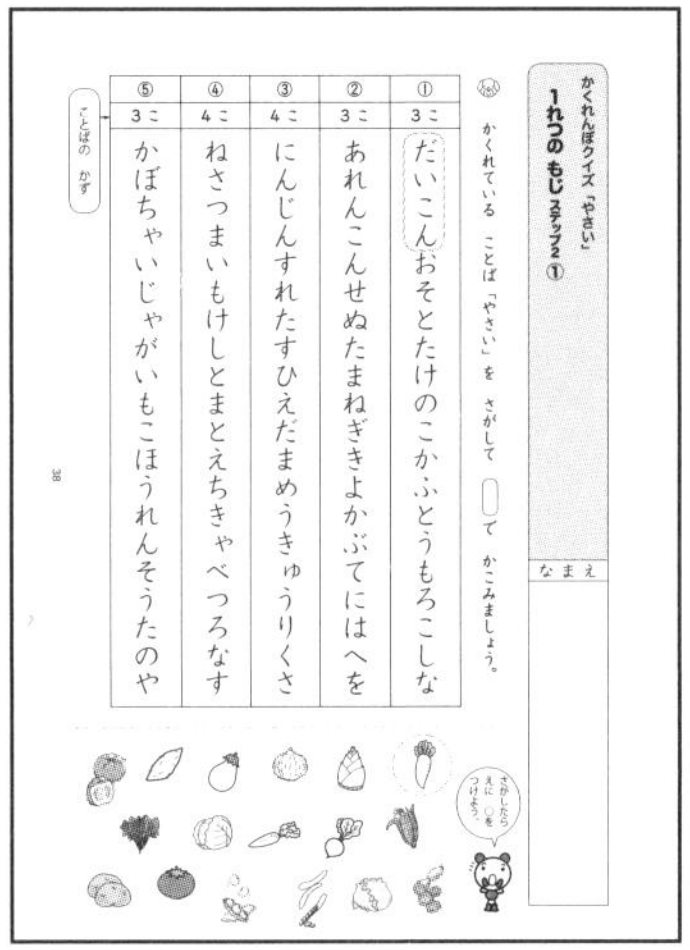

かくれんぼクイズ「やさい」
1れつの　もじ　ステップ2 ①
なまえ
かくれている　ことば「やさい」を　さがして（　）で　かこみましょう。

①	②	③	④	⑤
3こ	3こ	4こ	4こ	3こ
だいこんおそとたけのこかふとうもろこしな	あれんこんせぬたまねぎきよかぶてにはへを	にんじんすれたすひえだまめうきゅうりくさ	ねさつまいもけしとまとえちきゃべつろなす	かぼちゃいじゃがいもこほうれんそうたのや

ことばの　かず

38

1れつのもじステップ2

ステップ2では、イラストはシート下部に集中配置しています。児童によっては、点線以下を折り曲げるなどイラストを隠して、問題に取り組ませるとよいでしょう。その場合、あとでイラストを見ながら答えの確かめや言葉の理解を深めることができます。児童の理解の程度や学習状況に応じて使用してください。

ことばえらびクイズ　３つの　ことば

３つのことば にているおん

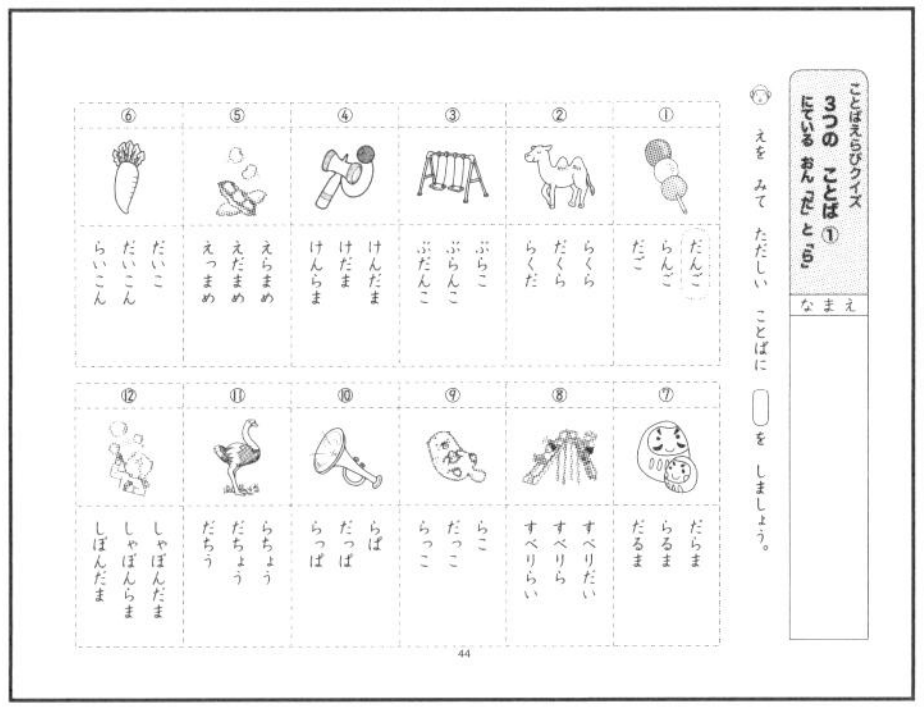

イラストを見て、正しい言葉とそれによく似た紛らわしい文字列の３つの選択肢から、正しい言葉を選ばせる３択クイズ形式のワークシートです。

「にている　おん（似ている音）」と「ちいさく　かくもじと　のばすおん（特殊音節）」の２種類のワークシートがあります。

「似ている音」では、特に間違いやすい「だ」と「ら」、「で」と「れ」などで分けて出題しています。

また、「似ている音」「特殊音節」とも、ひらがな言葉とカタカナ言葉に分かれています。児童の理解の程度や学習状況に応じて使用してください。

めいろ　ことばえらび／どちらかな

ことばえらび にているもじ

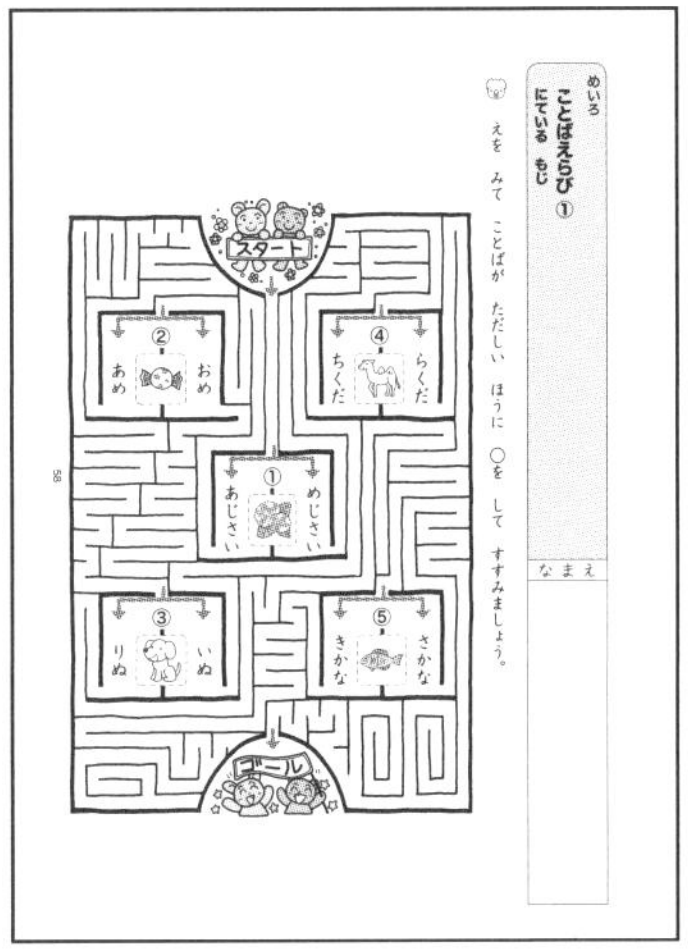

どちらかな にているおん

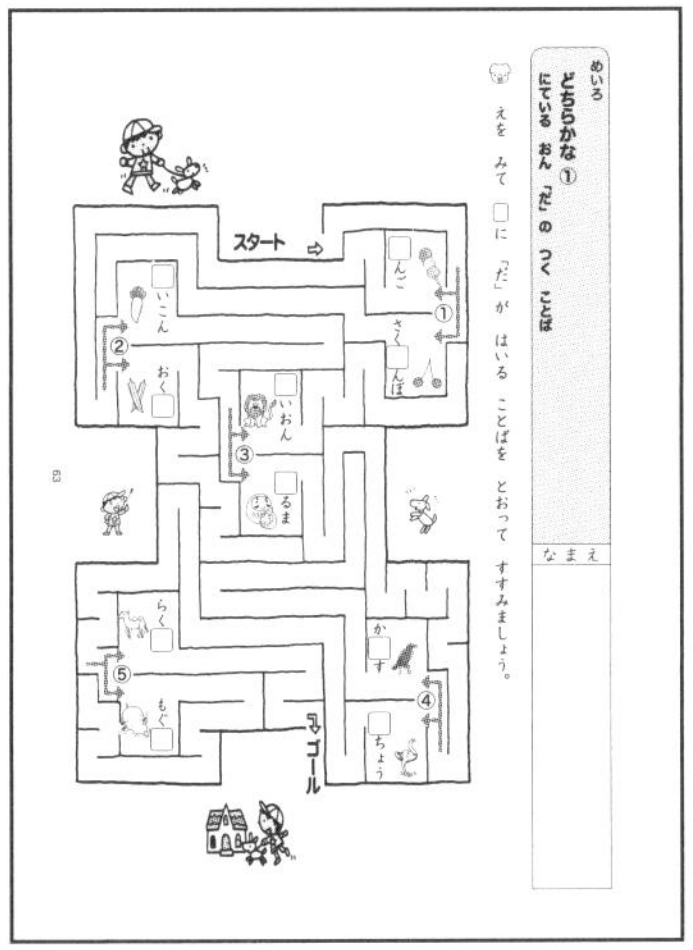

イラストを見て、正しい言葉を２択から選んでゴールを目指していくめいろ形式のワークシートです。

『ことばえらび』では、１つのイラストに提示された２つの言葉のうち、正しい表記の方を選んでいきます。「似ている文字」と「特殊音節」の２種類のワークシートがあります。

『どちらかな』では、２つのイラストにそれぞれ提示された２つの言葉のうち、設問に沿った答えを選んで進んでいきます。各問題で２個ずつ正しい言葉について考える必要があり、より難易度が高くなっています。

また、『どちらかな』には、「似ている音」と「特殊音節」の２種類のワークシートがあります。「似ている音」のワークシートでは、出題に沿ってすすむときに、あいている□枠に自分で考えた答えを書き入れさせていくとよいでしょう。

かくれんぼクイズ　ことばの　なかの　ことば

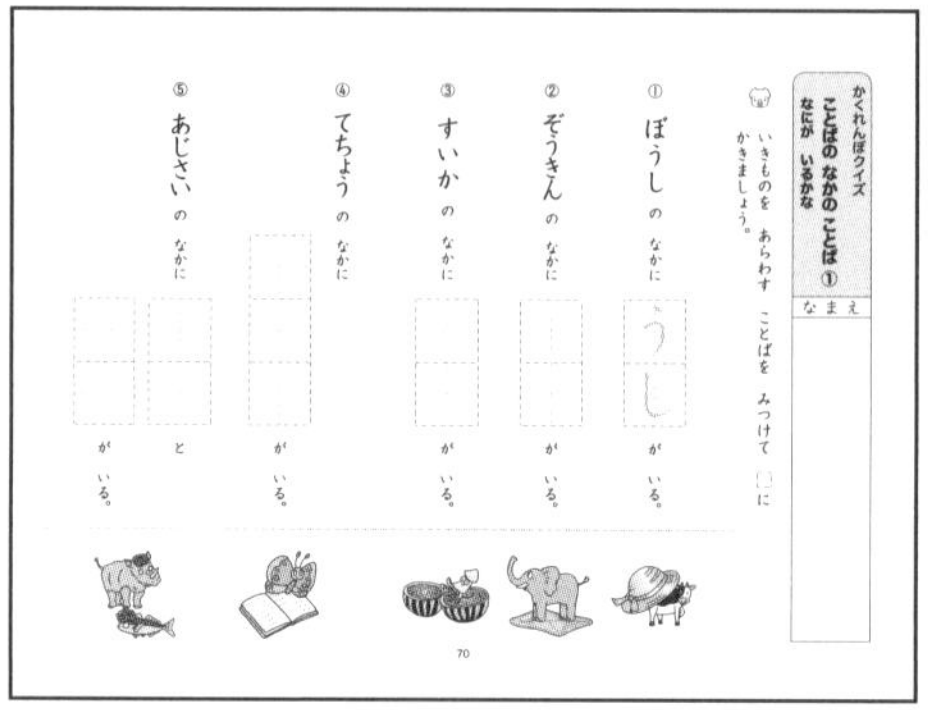

ことばの なかの ことば なにがいるかな

一つの言葉の中に、別の意味を表す言葉を見つけて書きます。

「ことばの なかの ことば」では、「なにがいるかな」と「なにがあるかな」の２種類のワークシートがあります。「なにがいるかな」では、生き物を表す言葉を探し、「なにがあるかな」では、物を表す言葉を探します。

児童によっては、点線以下を折り曲げるなどイラストを隠して、問題に取り組ませるとよいでしょう。その場合、あとでイラストを見ながら答えの確かめや言葉の理解を深めることができます。児童の理解の程度や学習状況に応じて使用してください。

もじのならべかえクイズ　3・4・5もじのことば

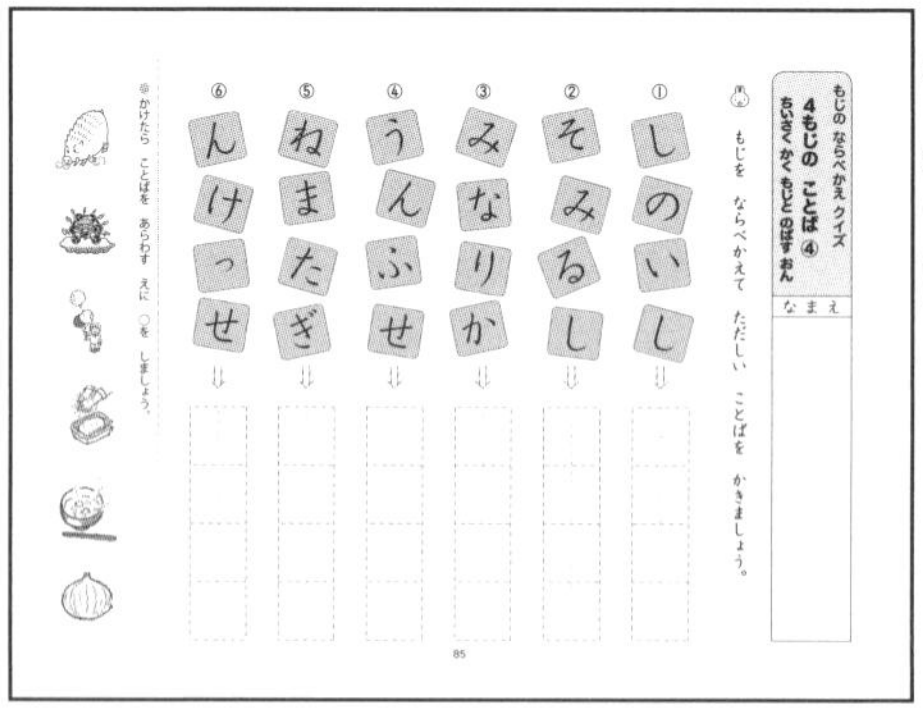

4もじのことば

ばらばらになった文字を並べ替えて、正しい言葉を見つけて書きます。

ワークシートだけで取り組むのが困難な児童の場合は、ひらがなカードを実際に手で操作しながら、考えてもよいでしょう。逆に、児童によっては、点線部分を折り曲げるなどイラストを隠して、取り組ませることもできます。その場合、あとでイラストを見ながら答えを確かめ，言葉の理解を深めるとよいでしょう。

また、３文字・４文字・５文字それぞれで特殊音節を含まない言葉だけで出題しているシートと、特殊音節を含む言葉を混合して出題しているシートがあります。児童の理解の程度や学習状況に応じて使用してください。

おなじもじクイズ　ひらがな・カタカナ

ひらがな

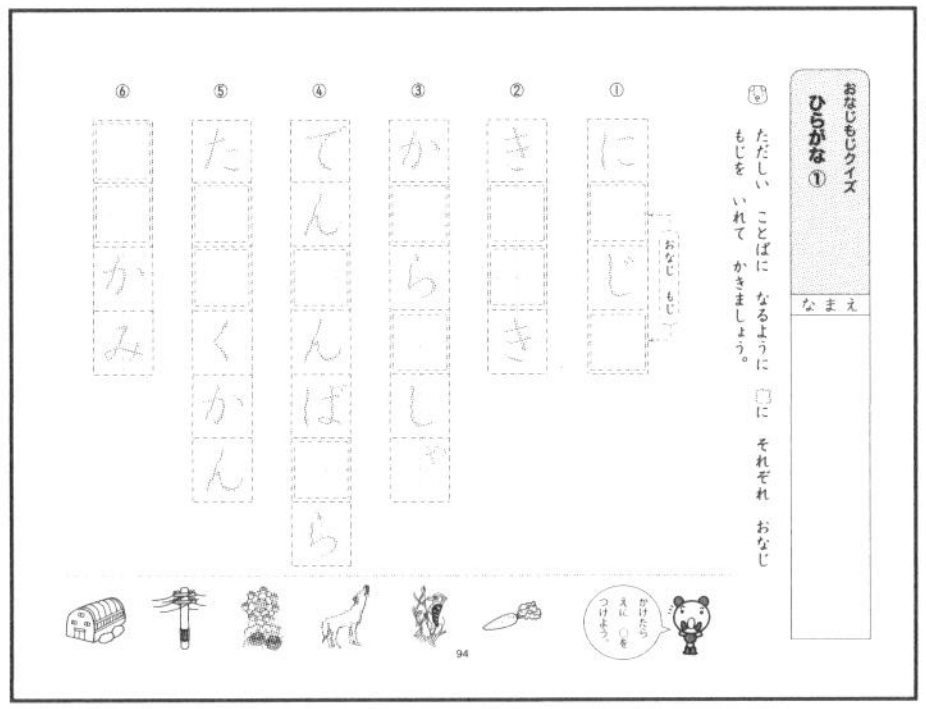

正しい言葉になるように、あいている2つのマス目に入る同じ文字を考えて書くワークシートです。ひらがな言葉とカタカナ言葉に分かれています。

児童によっては、点線以下を折り曲げるなどイラストを隠して、問題に取り組ませてもよいでしょう。その場合、あとでイラストを見ながら答えの確かめもできます。児童の理解の程度や学習状況に応じて使用してください。

せんむすび　あいさつの　ことば　／　きせつの　ことば

あいさつのことば

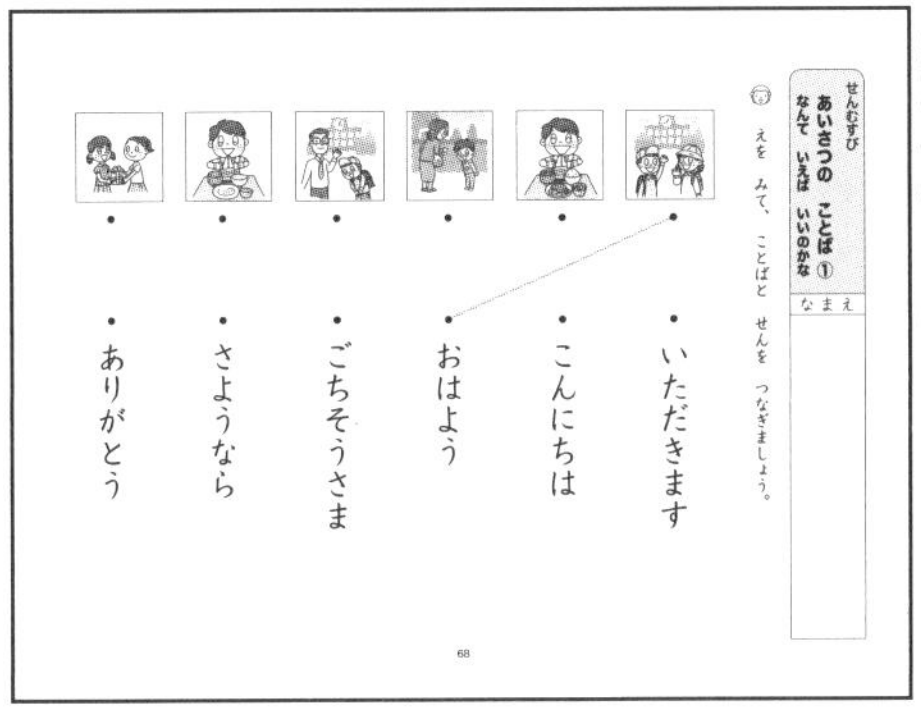

きせつのことば

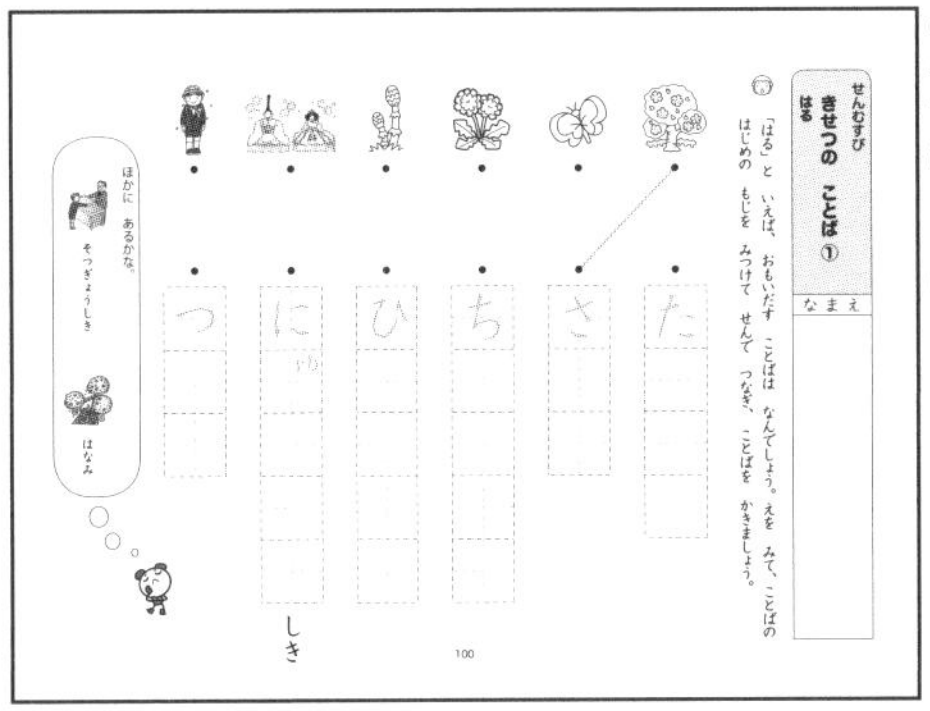

『あいさつの　ことば』では、学校や家庭でよくある場面のイラストと、それに合うあいさつ言葉とを線で結びます。場面理解を確かめ、その場合に適したあいさつを考えさせます。

はじめに、下の言葉を隠して、イラストだけを見て「こんなとき、どんなあいさつをするかな？」と言葉かけをしてから、せんむすびに取り組ませてもよいでしょう。

『きせつの　ことば』では、季節「春・夏・秋・冬」それぞれに想起できるイラストが提示されています。そのイラストを表す言葉を考え、頭文字がグレー文字で入っているマス目枠と線でつなぎます。つないだあと、その言葉を書いて完成させます。

2段階の取り組み内容となっています。児童によっては、指導者が言葉を書くマス目にイラストを表す言葉の文字を事前に書いておいて、線で結ぶだけのワークシートとして取り組ませるなど、児童の学習状況に応じて使用してください。

かくれんぼクイズ

9ますの もじ ①

なまえ

えを みて、かくれている ことばを さがして ◯ で かこみましょう。

①

け	め	ろ
れ	だ	る
ら	か	め

②

か	ら	す
ゆ	え	ず
こ	に	め

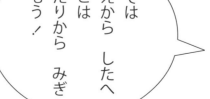

かくれんぼクイズ

9ますの もじ ②

なまえ

えを みて、かくれている ことばを さがして （　）で かこみましょう。

①

そ	き	い
さ	く	ら
へ	こ	す

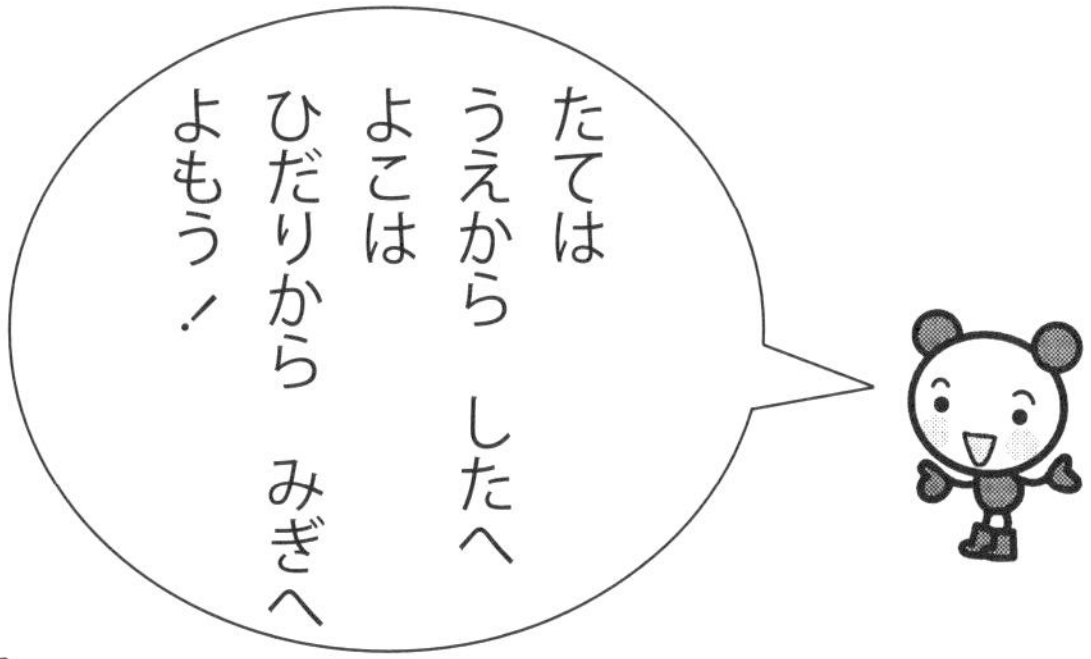

②

む	よ	お
た	も	で
う	ど	ん

かくれんぼクイズ

9ますの もじ ③

なまえ

えを みて、かくれている ことばを さがして ▢ で かこみましょう。

①

な	す	た
も	い	ひ
て	か	を

②

く	ら	げ
じ	ぐ	こ
ら	あ	ろ

かくれんぼクイズ

9ますの もじ ④

なまえ

えを みて、かくれている ことばを さがして ▭ で かこみましょう。

①

き	り	ん
つ	ぬ	て
ね	お	な

たては うえから したへ
よこは ひだりから みぎへ
よもう！

②

ご	り	ら
ん	め	く
な	ゆ	だ

かくれんぼクイズ

9ますの もじ ⑤
のばす おん

なまえ

えを みて、かくれている ことばを 3つ さがして （　） で かこみましょう。

①

く	あ	り
て	ひ	へ
い	る	か

②

ぞ	ぬ	ろ
う	さ	ぎ
せ	る	け

ことばは 3つずつ あるよ。
さがした ことばの えを ○で かこもう！

かくれんぼクイズ

9ますの もじ ⑥
のばす おん

なまえ

えを みて、かくれている ことばを 3つ さがして ◯ で かこみましょう。

①

け	わ	ほ
い	す	あ
と	け	い

②

め	さ	り
み	か	ん
い	ち	ご

ことばは 3つずつ あるよ。
さがした ことばの えを ◯で かこもう！

かくれんぼクイズ

9ますの もじ ⑦
ちいさく かく もじと のばす おん

なまえ

えを みて、かくれている ことばを 3つ さがして （　）で かこみましょう。

①

つ	み	き
く	ひ	う
え	い	ご

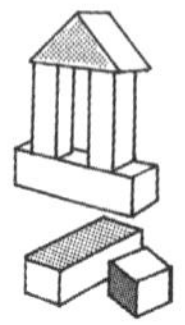

②

ら	く	だ
っ	を	る
こ	よ	ま

ことばは 3つずつ あるよ。
さがした ことばの えを ○で かこもう！

かくれんぼクイズ

9ますの もじ ⑧

ちいさく かく もじと のばす おん

なまえ

えを みて、 かくれている ことばを 3つ さがして ◯ で かこみましょう。

①

ば	け	つ
っ	も	わ
た	い	や

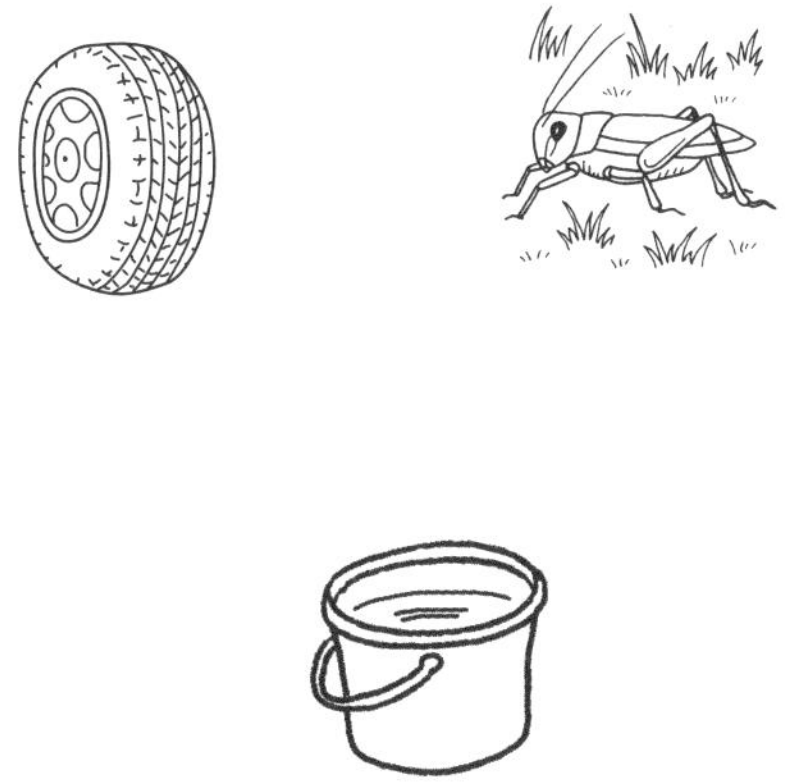

②

き	り	ん
あ	ゅ	れ
ぼ	う	し

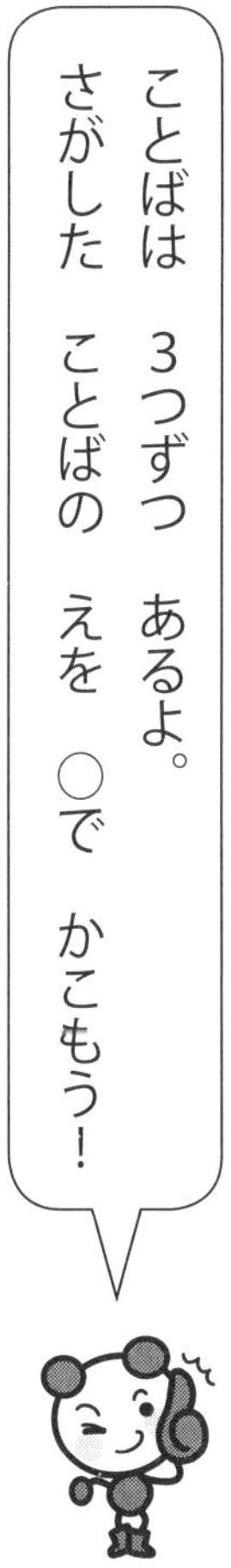

かくれんぼクイズ「やさい」

16ますの もじ ①

なまえ

かくれている ことば「やさい」4つを さがして ▭ で かこみましょう。
さがしたら えに ◯を しましょう。

①

ゆ	な	く	だ
ら	す	ふ	い
と	ま	と	こ
に	ん	じ	ん

②

た	ま	ね	ぎ
け	ふ	も	い
の	か	や	さ
こ	ぶ	し	と

かくれんぼクイズ「からだの ぶぶん」

16ますの もじ ②

なまえ

かくれている ことば 「からだの ぶぶん」 4つを さがして □ で かこみましょう。

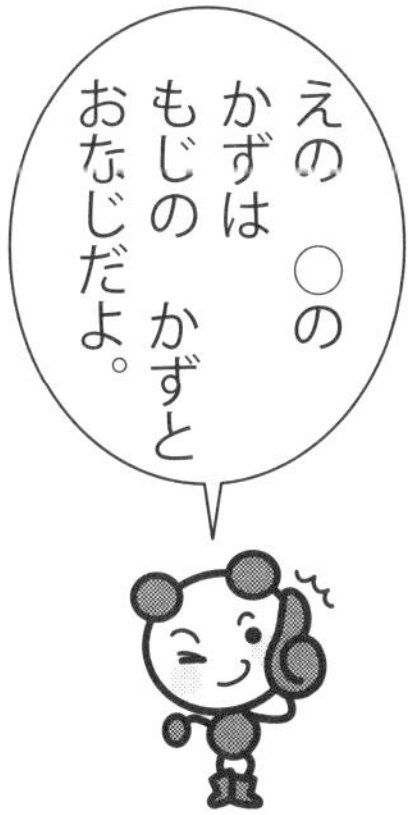

①

あ	た	ま	ぬ
し	や	ゆ	せ
ほ	む	げ	と
は	な	い	ひ

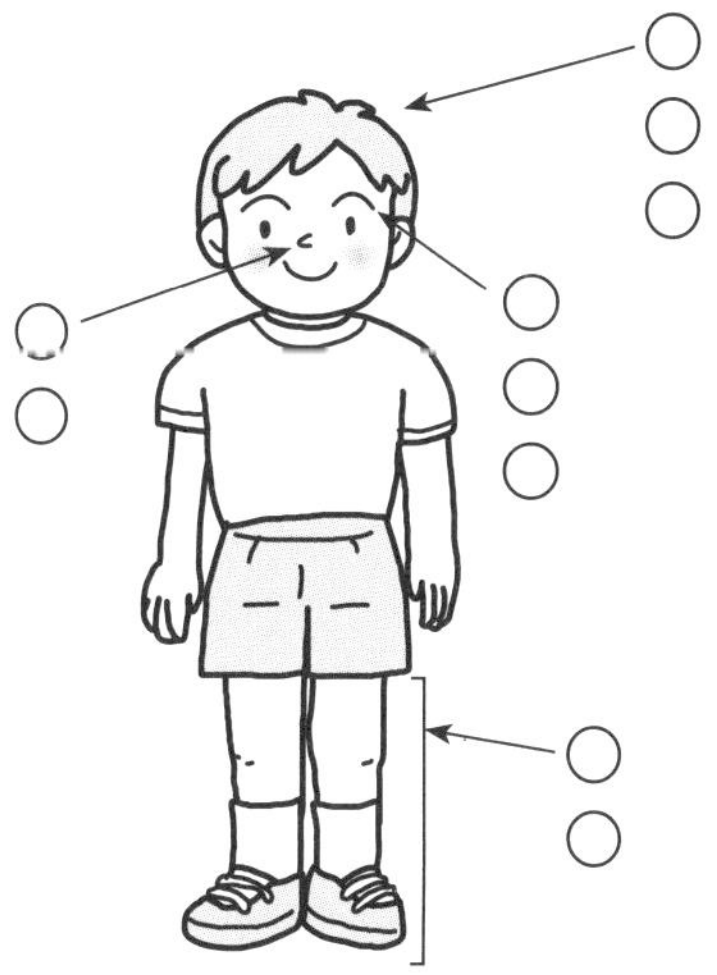

②

か	み	の	け
よ	み	い	よ
ゆ	さ	く	び
れ	り	ち	あ

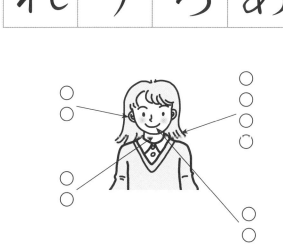

かくれんぼクイズ「どうぶつ」

16ますの もじ ③

なまえ

かくれている ことば「どうぶつ」4つを さがして （　） で かこみましょう。
さがしたら えに ◯を しましょう。

①

た	ぬ	き	ふ
め	る	つ	き
ぐ	す	ね	り
ら	い	お	ん

②

る	く	ふ	あ
し	ま	う	ま
め	む	さ	る
や	い	ぎ	め

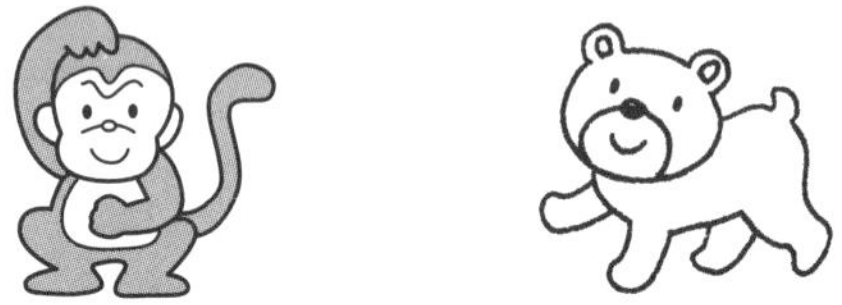

かくれんぼクイズ「くだもの」

16ますの もじ④ のばす おん

なまえ

かくれている ことば 「くだもの」 4つを さがして ▢ で かこみましょう。 さがしたら えに ○を しましょう。

①

し	す	い	か
な	く	ち	ぶ
り	ん	ご	ど
と	た	せ	う

②

わ	い	に	め
も	ぶ	そ	ろ
も	み	か	ん
ば	な	な	よ

かくれんぼクイズ「たべもの」

16ますの もじ ⑤ のばす おん

なまえ

かくれている ことば「たべもの」4つを さがして ▢で かこみましょう。さがしたら えに ◯を しましょう。

①

う	ど	ん	ね
ぬ	ら	え	す
せ	や	ひ	し
や	き	そ	ば

②

ゆ	せ	む	た
だ	ん	ご	こ
ば	べ	に	や
た	い	や	き

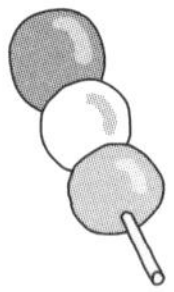

かくれんぼクイズ「むし」

16ますの もじ ⑥

ちいさく かく もじと のばす おん

なまえ

かくれている ことば 「むし」 4つを さがして ◯で かこみましょう。

さがしたら えに ○を しましょう。

①

て	あ	り	ほ
こ	お	ろ	ぎ
う	む	さ	は
や	し	ぬ	ち

②

り	に	け	ほ
ゆ	ば	っ	た
へ	せ	み	る
と	ん	ぼ	え

かくれんぼクイズ「ぶんぼうぐ」

16ますの もじ ⑦

ちいさく かく もじと のばす おん

なまえ

かくれている ことば「ぶんぼうぐ」4つを さがして ⬭ で かこみましょう。
さがしたら えに ○を しましょう。

①

え	の	ぐ	け
ん	り	ひ	し
ぴ	た	み	ご
つ	あ	や	む

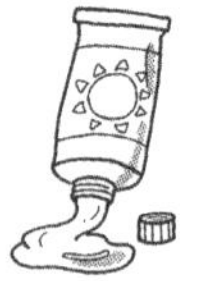

②

お	り	が	み
く	れ	よ	ん
じ	ょ	う	ぎ
た	ゆ	し	を

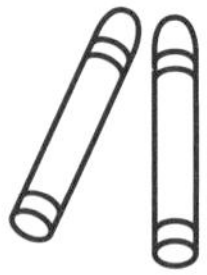

かくれんぼクイズ「とり」

16ますの もじ⑧

ちいさく かく もじと のばす おん

なまえ

かくれている ことば「とり」4つを さがして （　）で かこみましょう。

さがしたら えに ○を しましょう。

①

に	わ	と	り
か	ら	す	た
く	ぬ	ず	お
つ	る	め	き

②

へ	は	と	ふ
く	じ	ゃ	く
み	り	あ	ろ
だ	ち	ょ	う

かくれんぼクイズ「のりもの」

49ますの もじ ①
ちいさく かく もじと のばす おん

なまえ

たて、よこに、ことばが かくれて います。
かくれている「のりもの」8こを みつけて ［ ］で
かこみましょう。さがしたら えに ◯を しましょう。

あ	た	ぱ	と	そ	え	せ
ぬ	で	と	ら	っ	く	ん
し	ん	か	ん	せ	ん	す
て	し	ー		に	な	い
ほ	ゃ	ひ	こ	う	き	か
ば	す	も	ふ	の	ね	ん
ま	へ	よ	ね	は	ち	お

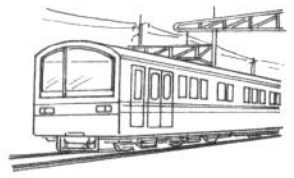

かくれんぼクイズ「がっき」

49ますの もじ ②

ちいさく かく もじと のばす おん

なまえ

たて、よこに、ことばが かくれて います。
かくれている「がっき」8こを みつけて ▢で
かこみましょう。 さがしたら えに ○を しましょう。

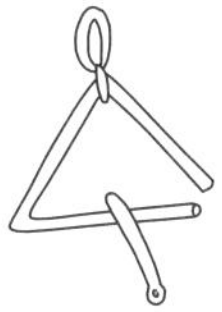

か	す	た	ね	っ	と	え
と	ら	い	あ	ん	ぐ	る
く	お	こ	も	っ	き	ん
ら	っ	ぱ		し	ぴ	と
ち	る	む	け	ひ	あ	の
つ	ぎ	た	ー	て	の	は
に	る	せ	す	ず	だ	い

かくれんぼクイズ「くだもの」

49 ますの もじ ③
ちいさく かく もじと のばす おん

なまえ

たて、よこ、ななめに、ことばが かくれて います。
かくれている「くだもの」８こを みつけて ◯で
かこみましょう。さがしたら えに ◯を しましょう。

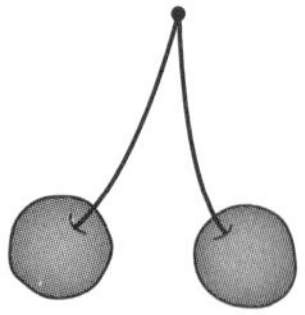

あ	さ	く	ら	ん	ぼ	り
す	ぱ	れ	わ	う	い	ん
せ	い	ち	ご	お	こ	ご
か	な	か		み	か	ん
け	っ	ぱ	う	ば	の	と
め	ぷ	ん	ろ	ね	な	れ
た	る	め	ぶ	ど	う	な

かくれんぼクイズ「たべもの」

49ますの もじ ④

ちいさく かく もじと のばす おん

なまえ

たて、よこ、ななめに、ことばが かくれて います。
かくれている「たべもの」8こを みつけて ▢で
かこみましょう。 さがしたら えに ◯を しましょう。

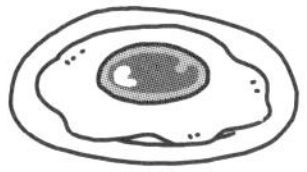

や	て	お	め	ひ	さ	こ
れ	ん	る	む	か	ん	ろ
ね	ぷ	め	ぬ	ら	ど	っ
さ	ら	だ		そ	い	け
て	へ	ま	ふ	う	っ	す
た	こ	や	き	め	ち	ひ
か	あ	き	や	ん	く	ろ

かくれんぼクイズ「はな」

49ますの もじ ⑤

ちいさく かく もじと のばす おん

なまえ

たて、よこ、ななめに、ことばが かくれて います。
かくれている「はな」8こを みつけて ▢で かこみましょう。
さがしたら えに ◯を しましょう。

に	あ	じ	さ	い	の	め
は	さ	ろ	く	あ	や	ち
み	が	つ	ら	を	ふ	ゅ
ゆ	お	た		と	ゆ	ー
わ	こ	せ	ひ	ま	わ	り
る	う	こ	す	も	す	っ
た	ん	ぽ	ぽ	む	て	ぷ

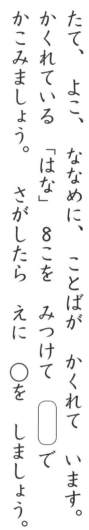

かくれんぼクイズ「あそび」

49ますの もじ ⑥

ちいさく かく もじと のばす おん

なまえ

たて、 よこ、 ななめに、 ことばが かくれて います。
かくれている 「あそび」 8こを みつけて ▢で
かこみましょう。 さがしたら えに ○を しましょう。

ぶ	ら	ん	こ	あ	ん	ぱ
に	え	ね	ま	ひ	い	ず
の	た	す	と	に	ち	る
お	ゆ	べ		れ	り	し
め	て	り	と	ら	ん	ぷ
け	ん	だ	ま	う	し	け
そ	せ	い	ま	く	ゃ	わ

かくれんぼクイズ「やさい」

1れつの もじ ステップ1 ①

なまえ

かくれている ことば「やさい」を さがして ◯で かこみましょう。さがしたら えに ◯を しましょう。

ことばの かず →

①	②	③	④	⑤
3こ	3こ	4こ	3こ	4こ
なすあつのふまにんじんきちゆたまねぎねや	へいてえだまめかたれんこんくぬたけのこひ	れたすおほだいこんにさつまいもけかぶはゆ	じゃがいもえとうもろこしせなきゅうりこす	きゃべつうとまとしほうれんそうさかぼちゃ

かくれんぼクイズ「くだもの」

1れつの もじ ステップ1 ②

なまえ

かくれている ことば「くだもの」を さがして ▢ で かこみましょう。さがしたら えに ○を しましょう。

①	②	③	④	⑤
3こ	3こ	3こ	3こ	3こ
いちごなよんさくらんぼおらきんももさひか	あくかきはをすいかえりためろんしのすもら	らすみかんうむてれもんにめばななふゆわけ	とるのせりんごいへおれんじみこなしぬもろ	あまびわねれぶどうほぱいなっぷるそやかせ

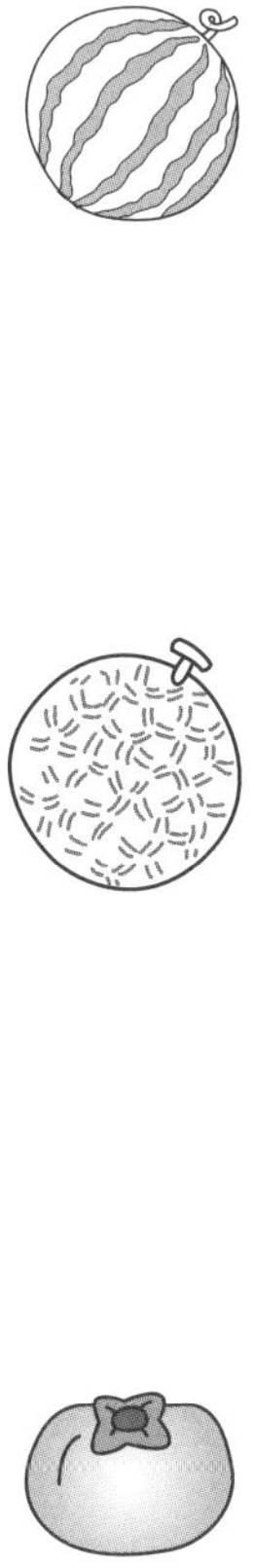

ことばの かず

かくれんぼクイズ「どうぶつ」

1れつの もじ ステップ1 ③

なまえ

かくれている ことば「どうぶつ」を さがして ◯で かこみましょう。さがしたら えに ◯を しましょう。

	①	②	③	④	⑤
ことばの かず	4こ	4こ	4こ	5こ	4こ
	こきりんるおねずみもいりすけいえとらわく    	あうしせぞうふおおかみにらいおんしなとま    	いひつじきうますちきつねけにひしかつぬへ    	てくまえかはたぬきぶたぬねこさのうさぎだ     	しまうまおしいぬこみさるてねらくだそほう    

かくれんぼクイズ「うみや かわに いる いきもの」
1れつの もじ ステップ1 ④

なまえ

かくれている ことば「うみや かわに いる いきもの」を さがして [ ] で かこみましょう。さがしたら えに ○を しましょう。

	①	②	③	④	⑤
ことばの かず	4こ	3こ	4こ	3こ	3こ
	いるかあすむたころりくらげよんえびきのち 	もめゆいかれけのくじらへてひとでうせねま 	せちかにろぶわうなぎにさてめだかろわにす 	ねいやどかりらちかめもこおっとせいるをあ 	らっこどんあざらしふすいそぎんちゃくとえ 

かくれんぼクイズ「むし、のはらに いる いきもの」

1れつの もじ ステップ1 ⑤

なまえ

かくれている ことば「むし、のはらに いる いきもの」を さがして ▢ で かこみましょう。さがしたら えに ○を しましょう。

ことばの かず →

	ことばの かず	もじ	え
①	3こ	ありそふもてんとうむしちこきりぎりすつん	 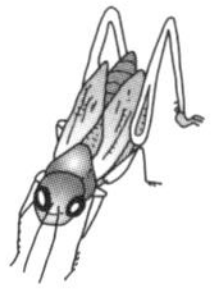 
②	3こ	いやくもねをけかぶとむしたへれかまきりて	  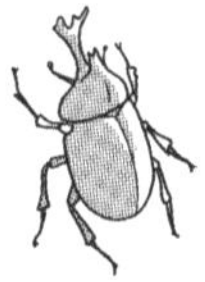
③	3こ	うはめゆせみりくばったさぬらだんごむしと	  
④	3こ	えひほたるせよきはちしのこおろぎなまむは	  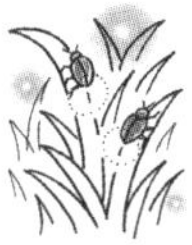
⑤	3こ	おわとんぼるんちょうちょすくわがたむしに	 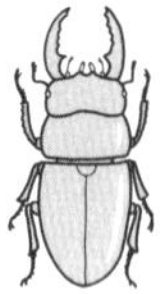 

かくれんぼクイズ「のりもの」

1れつの もじ ステップ1 ⑥

なまえ

かくれている ことば「のりもの」を さがして ［　］で かこみましょう。 さがしたら えに ○を しましょう。

ことばの かず →

①	②	③	④	⑤
3こ	3こ	3こ	3こ	3こ
おばすかひしんかんせんつはじてんしゃさに	まほえとらっくちのふねきさんりんしゃてす	たでんしゃねみくせんすいかんしひこうせん	いひこうきそけきゅうきゅうしゃふぬよっと	せあしょうぼうしゃへろけっとこききゅうな
  	  	  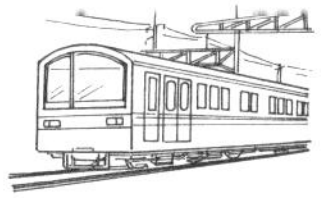	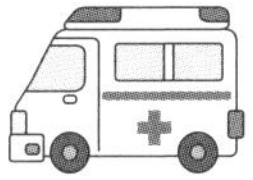  	  

かくれんぼクイズ「やさい」

1れつの もじ ステップ2 ①

なまえ

かくれている ことば「やさい」を さがして ▢ で かこみましょう。

	ことばの かず	
①	3こ	だいこんおそとたけのこかふとうもろこしな
②	3こ	あれんこんせぬたまねぎきよかぶてにはへを
③	4こ	にんじんすれたすひえだまめうきゅうりくさ
④	4こ	ねさつまいもけしとまとえちきゃべつろなす
⑤	3こ	かぼちゃいじゃがいもこほうれんそうたのや

かくれんぼクイズ「くだもの」

1れつの もじ ステップ2 ②

なまえ

かくれている ことば「くだもの」を さがして ▢ で かこみましょう。

	ことばの かず	
①	3こ	みかんそるりんごうはいのぶどうとろけむこ
②	3こ	りゆのいばななせほあんなしけれかきてみう
③	3こ	すびわあにへさくらんぼつわれもんくねもれ
④	3こ	ろむちすいかえしぱいなっぷるきぬももふら
⑤	3こ	めおいちごさなめろんたおれんじかひやくを

かくれんぼクイズ「くさ、はな、きのみ」

1れつの もじ ステップ2 ③

なまえ

かくれている ことば「くさ、はな、きのみ」を さがして （　）で かこみましょう。

	ことばの かず	
①	3こ	あさがおぬうめそのどんぐりきにひむへれわ
②	4こ	ねいきくたればらけんもみじせあじさいなも
③	3こ	いさくらあくとこすもすかはほへゆりすちさ
④	3こ	みへくりうとすみれこしひまわりおつふやえ
⑤	3こ	せけへつくしえとたんぽぽてまつぼっくりさ

かくれんぼクイズ「たべもの」

1れつの もじ ステップ2 ④

なまえ

かくれている ことば「たべもの」を さがして ▢ で かこみましょう。

①	②	③	④	⑤
3こ	3こ	4こ	3こ	3こ
うどんはおってんぷらやあひたいやきすねり	さのきみおにぎりひうせんべいやせすしんら	やきそばだんごいさめだまやきむそあめよし	えたこやきめさとんかつほわれおむらいすけ	おちうかすてらへもこたぎょうざをぷりんる

ことばの かず

かくれんぼクイズ「ぶんぼうぐ、がっこうに あるもの」

1れつの もじ ステップ2 ⑤

なまえ

かくれている ことば「ぶんぼうぐ、がっこうに あるもの」を さがして
（　）で かこみましょう。

	ことばの かず	
①	3こ	つくえおさじかんわりなふかふでばこよあの
②	3こ	いてくれよんきをそえんぴつぺまむこくばん
③	3こ	あこたいいくかんくめゆとけいにほとびばこ
④	3こ	すせいすつぬみもうけしごむひじょうぎやわ
⑤	3こ	ちせとしょしつくけとえほんねらんどせるは

かくれんぼクイズ「あそぶもの、こうえんに あるもの」

1れつの もじ ステップ2 ⑥

なまえ

かくれている ことば「あそぶもの、こうえんに あるもの」を さがして ▭ で かこみましょう。

	ことばの かず	
①	3こ	ぶらんこかるなわとびさたのとらんぷえこつ
②	3こ	かひすべりだいおてねんたけうましあやとり
③	3こ	ちけんだまほきいちりんしゃあやかるたすぬ
④	3こ	そけおりがみうとしゃぼんだまぷうんていり
⑤	3こ	なじゃんぐるじむぐせこまにいおてだまへろ

ことばの かず

ことばえらびクイズ

3つの　ことば　①
にている　おん「だ」と「ら」

なまえ

えを　みて　ただしい　ことばに　◯を　しましょう。

①
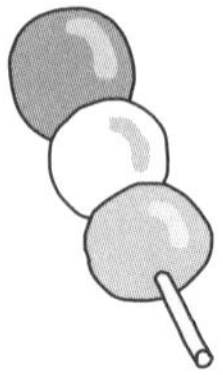
だんご（◯）
らんご
だご

②

らくら
だくら
らくだ

③

ぶらこ
ぶらんこ
ぶだんこ

④

けんだま
けだま
けんらま

⑤

えらまめ
えだまめ
えっまめ

⑥
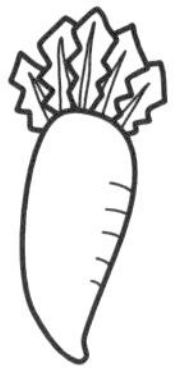
だいこ
だいこん
らいこん

⑦

だらま
らるま
だるま

⑧

すべりだい
すべりら
すべりらい

⑨

らこ
だっこ
らっこ

⑩

らぱ
だっぱ
らっぱ

⑪

らちょう
だちょう
だちう

⑫

しゃぼんだま
しゃぼんらま
しぼんだま

ことばえらびクイズ

3つの ことば②

にている おん「ダ」と「ラ」

なまえ

えを みて ただしい ことばに ◯ を しましょう。

①

ライアン
ライオン
ダイオン

②

メダル
メラル
メダラ

③

コアダ
コラ
コアラ

④

ダンドセル
ランドセル
ランロセル

⑤

サラダ
サダラ
サララ

⑥

パンラ
パダ
パンダ

⑦

トラプ
トダンプ
トランプ

⑧

ダイビング
ライビング
ダイビ

⑨

ダケット
ラケット
ラケト

⑩

ダツ
ダーツ
ラーツ

⑪

ラーメン
ダーメン
ラメーン

⑫

ダプカ
ダンプカー
ランプカー

ことばえらびクイズ

3つの ことば ③
にている おん「で」と「れ」

なまえ

えを みて ただしい ことばに ◯ を しましょう。

①

うで
うて
うれ

②

おれん
おでん
おどん

③

でんは
れんわ
でんわ

④

ひとて
ひとれ
ひとで

⑤

かんれち
かんでんち
かんれんち

⑥

れんこん
れこん
でんこん

⑦

むかて
むかで
むかれ

⑧
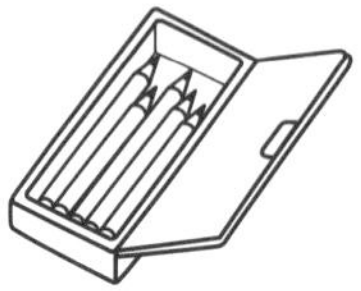
ふてはこ
ふればこ
ふでばこ

⑨

れが
でんが
れんが

⑩

れいぞうこ
れいぞこ
でいぞうこ

⑪

ほうでんそう
ほうれんそ
ほうれんそう

⑫

でんしゃ
でんしや
れんしゃ

ことばえらびクイズ

3つの ことば④

にている おん「デ」と「レ」

なまえ

えを みて ただしい ことばに ▢ を しましょう。

①

レタソ　デタス　レタス

②

モレル　モデル　モデラ

③

デモン　レモン　レモ

④
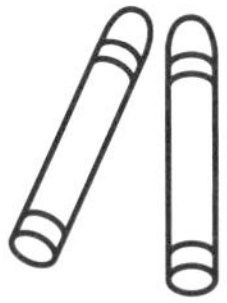
クデヨン　クレヨ　クレヨン

⑤

レストラン　レストラソ　デストラン

⑥

シンデレラ　シデレラ　シンレレラ

⑦

プラモレル　プラモデル　プダモレル

⑧

プレゼント　プレゼット　プデゼント

⑨

デバート　デパート　レパート

⑩

カデンダー　カレンダ　カレンダー

⑪

バデーボール　バレーボール　バレボール

⑫

キヤンディ　キャンディ　キャンレィ

ことばえらびクイズ

3つの ことば にている おん「ど」と「ろ」⑤

なまえ

えを みて ただしい ことばに ◯ を しましょう。

①

どば
ろば
ろぱ

②

ねんと
ねんろ
ねんど

③

しどくま
しろくま
しろくき

④

さいころ
さいろこ
さいこど

⑤

うろん
うど
うどん

⑥

どんぐり
ろんぐり
どぐり

⑦
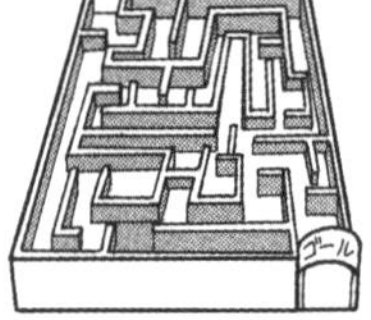
めいど
めいろ
めろ

⑧

ぶろう
ぶど
ぶどう

⑨

ろうそく
どうそく
ろそく

⑩

すいど
すいどう
すいろう

⑪

ろうぶつ
どうぶつ
とうふつ

⑫

どじよ
どじょう
ろじょう

ことばえらびクイズ

3つの ことば

にている おん「ド」と「ロ」⑥

なまえ

えを みて ただしい ことばに ◯ を しましょう。

① 

- ロリル
- ドリル
- ドリレ

② 

- ピエロ
- ビエロ
- ピエド

③ 

- ロレス
- ドレソ
- ドレス

④ 

- バドミントン
- バロミントン
- バドミント

⑤ 

- ベド
- ベッロ
- ベッド

⑥ 

- コロッケ
- コロツケ
- コドッケ

⑦ 

- ロケト
- ロケット
- ドケット

⑧ 

- ドロップ
- ロロップ
- ドロプ

⑨ 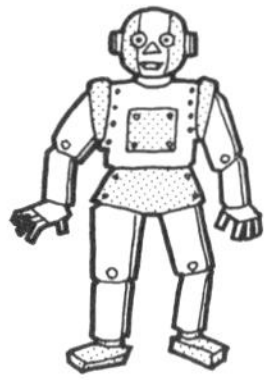

- ロボット
- ロボツト
- ドボット

⑩ 

- サンドイチ
- サンロイッチ
- サンドイッチ

⑪ 

- ドーナツ
- ローナツ
- ドナツ

⑫ 

- ドチボール
- ドッジボール
- ロッジボール

ことばえらびクイズ

3つの ことば ⑦

にている おん「ぎ」と「じ」

なまえ

えを みて ただしい ことばに （　） を しましょう。

①

うなぎ
うなじ
うなぢ

②

のこじり
のこぎり
のこきり

③

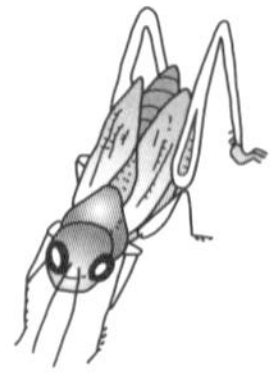

きりきりす
きりぎりす
きりじりす

④

きんぎょ
きんじょ
さんぎょ

⑤

にんぎょう
にんぎう
にんじょう

⑥

じょうざ
ぎうざ
ぎょうざ

⑦

かいじう
かいじゅう
かいぎゅう

⑧

じゃがいも
ぎゃがいも
じがいも

⑨

ちきうぎ
ちきゅうぎ
ちきゅうじ

⑩

じんけん
じゃんけん
ぎゃんけん

⑪

じゅうにゅう
ぎうにう
ぎゅうにゅう

⑫

じょろ
ぎょうろ
じょうろ

ことばえらびクイズ

3つの ことば ⑧

にている おん「ぎ」と「ジ」

なまえ

えを みて ただしい ことばに ◯ を しましょう。

①

ペンジン
ペンギン
ペギン

②

オレンジ
オレジ
オレンギ

③

チンパギー
チンパンギー
チンパンジー

④
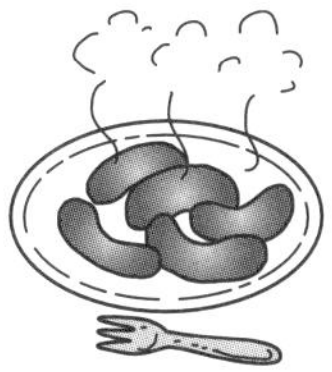
ソーセージ
ソセジ
ソーセーギ

⑤

ギータ
ジター
ギター

⑥

ジム
ジャム
ギャム

⑦
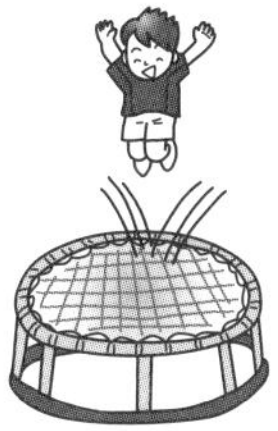
ジンプ
ジャンプ
ギャンプ

⑧

ジユース
ジュース
ギュース

⑨

パジャマ
パジマ
パギャマ

⑩

マサジ
マッサーギ
マッサージ

⑪

ギャングルジム
ジグルジム
ジャングルジム

⑫

ギョギング
ジギング
ジョギング

ことばえらびクイズ
3つの ことば ⑨
にている おん ひらがな

なまえ

えを みて ただしい ことばに 〇 を しましょう。

①

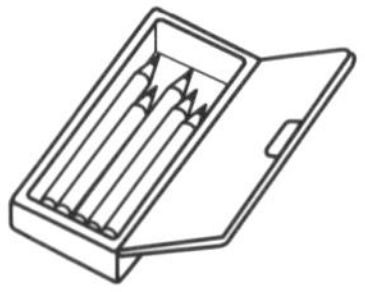

ふでばこ
ふればこ
ふでばご

②

けんらま
けんだま
けだま

③

うどん
うろん
うど

④

かんでち
かんでんち
かんれんち

⑤

だっこ
らっこ
らつこ

⑥

ぶろう
ぶど
ぶどう

⑦

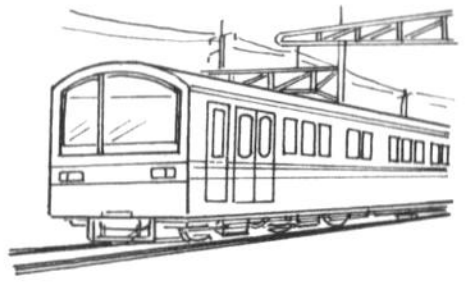

でんしゃ
でしゃ
れんしゃ

⑧

きんじょ
きんぞ
きんぎょ

⑨

しぼんだま
しゃぼんらま
しゃぼんだま

⑩

ぎょうざ
ぎうざ
じょうざ

⑪

かいじゅう
かいぎゅう
かいじう

⑫

ぎうにゅう
じゅうにゅう
ぎゅうにゅう

ことばえらびクイズ

3つの ことば ⑩
にている おん カタカナ

なまえ

えを みて ただしい ことばに ◯ を しましょう。

①

コァラ
コアダ
コアラ

②

メラル
メララ
メダル

③

オデンジ
オレジ
オレンジ

④
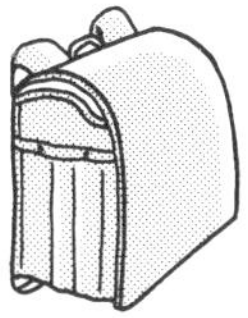
ランロセル
ランドセル
ダンドセル

⑤

シンレレラ
シンデレラ
シデレラ

⑥

コロッケ
コドッケ
コロケ

⑦

レパート
デパト
デパート

⑧

ローナツ
ドーナツ
ドナツ

⑨

ダンプカー
ランプカー
ダプカ

⑩

ジグルジム
ギャングルジム
ジャングルジム

⑪

ジュス
ギュース
ジュース

⑫

ロッジボール
ドッジボール
ドチボール

ことばえらびクイズ

3つの ことば ⑪

ちいさく かく もじと のばす おん

なまえ

えを みて ただしい ことばに ◯ を しましょう。

①

ひよこ
ひょこ
いよこ

②

おもち
おもちや
おもちゃ

③

おかみ
おうかみ
おおかみ

④
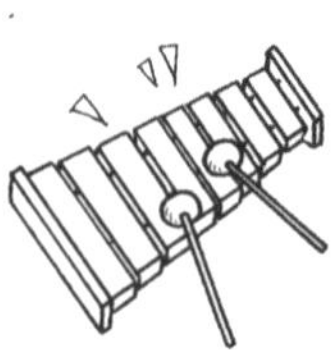
もきん
もっきん
もきっん

⑤

おさま
おうさま
おおさま

⑥

しゃしん
しゅしん
しょしん

⑦
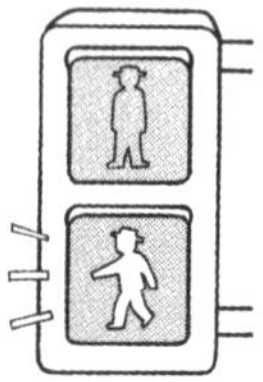
しんご
しんごお
しんごう

⑧

なっと
なとう
なっとう

⑨

ひくえん
ひゃくえん
ひゃくえ

⑩
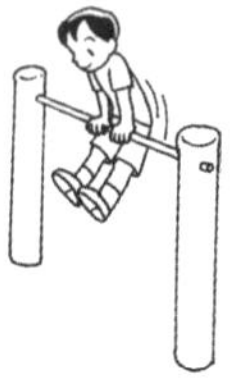
てつぼう
てっぼ
てつぼ

⑪

せんせ
せんせえ
せんせい

⑫

きんぎゅ
きんぎよ
きんぎょ

ことばえらびクイズ

3つの ことば ⑫

ちいさく かく もじと のばす おん

なまえ

えを みて ただしい ことばに ◯ を しましょう。

①

- きつね
- きつわ
- きっね

②

- くじく
- くじやく
- くじゃく

③

- おねいさん
- おねえさん
- おねさん

④
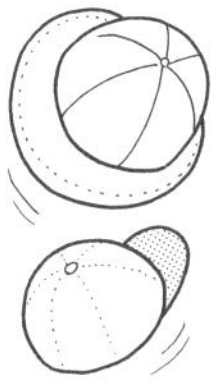

- ぼうし
- ぼうしい
- ぼおし

⑤

- はらっぽ
- はらつぱ
- はらっぱ

⑥

- ちゅうしや
- ちゆうしゃ
- ちゅうしゃ

⑦

- こうろぎ
- こおろぎ
- ころぎ

⑧

- ひやっぴき
- ひゃっびき
- ひゃっぴき

⑨

- らっこ
- らこ
- らつこ

⑩

- おうだいこ
- おだいこ
- おおだいこ

⑪

- のぼりぼお
- のぼいぼう
- のぼりぼう

⑫

- かきごうり
- かきごおり
- かきごり

ことばえらびクイズ

3つの ことば ⑬

ちいさく かく もじと のばす おん

なまえ

えを みて ただしい ことばに ◯を しましょう。

①

- せっけん
- せけん
- せつけん

②

- おとうさん
- おとおさん
- おとうきん

③

- ちょうちよ
- ちうちょ
- ちょうちょ

④

- ちうしや
- ちゅうしゃ
- ちょうしゃ

⑤

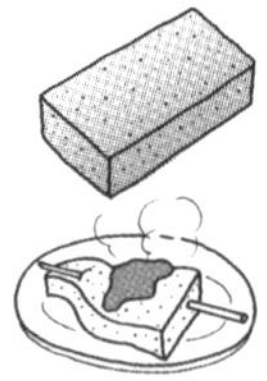

- こんにゃく
- こんにゅく
- こんにょく

⑥

- びょういん
- びよういん
- びういん

⑦

- ましっろ
- まっしろ
- まつしろ

⑧

- しっきょ
- しょっき
- しよっき

⑨

- とうふ
- とおふ
- とふ

⑩

- そうじ
- そおじ
- そうし

⑪

- きよかしよ
- きゅうかしょ
- きょうかしょ

⑫

- しっぱつ
- しゅっぱつ
- しゅぱっつ

ことばえらびクイズ

3つの ことば ⑭

ちいさく かく もじと のばす おん

なまえ

えを みて ただしい ことばに ▢ を しましょう。

①

- カレライス
- カデーライス
- カレーライス

②

- カスタネツト
- カスタネット
- カスタネッイ

③

- ケチャツプ
- ケチャップ
- ケッチャプ

④
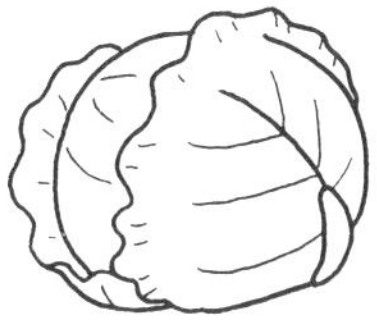
- キヤベツ
- キャベツ
- キャベチ

⑤

- チョコレト
- チヨコレート
- チョコレート

⑥

- シソ
- シーソー
- シーソ

⑦

- ハンバグ
- ハンパーグ
- ハンバーグ

⑧

- リックサック
- リュクサック
- リュックサック

⑨

- ポッケト
- ポケット
- ポケトッ

⑩

- チャーハン
- チャハーン
- チャハン

⑪

- シャワー
- シャーワ
- シャワ

⑫

- キャチャー
- キャッチャー
- キッチャー

めいろ

ことばえらび ①

にている もじ

なまえ

えを みて ことばが ただしい ほうに ○を して すすみましょう。

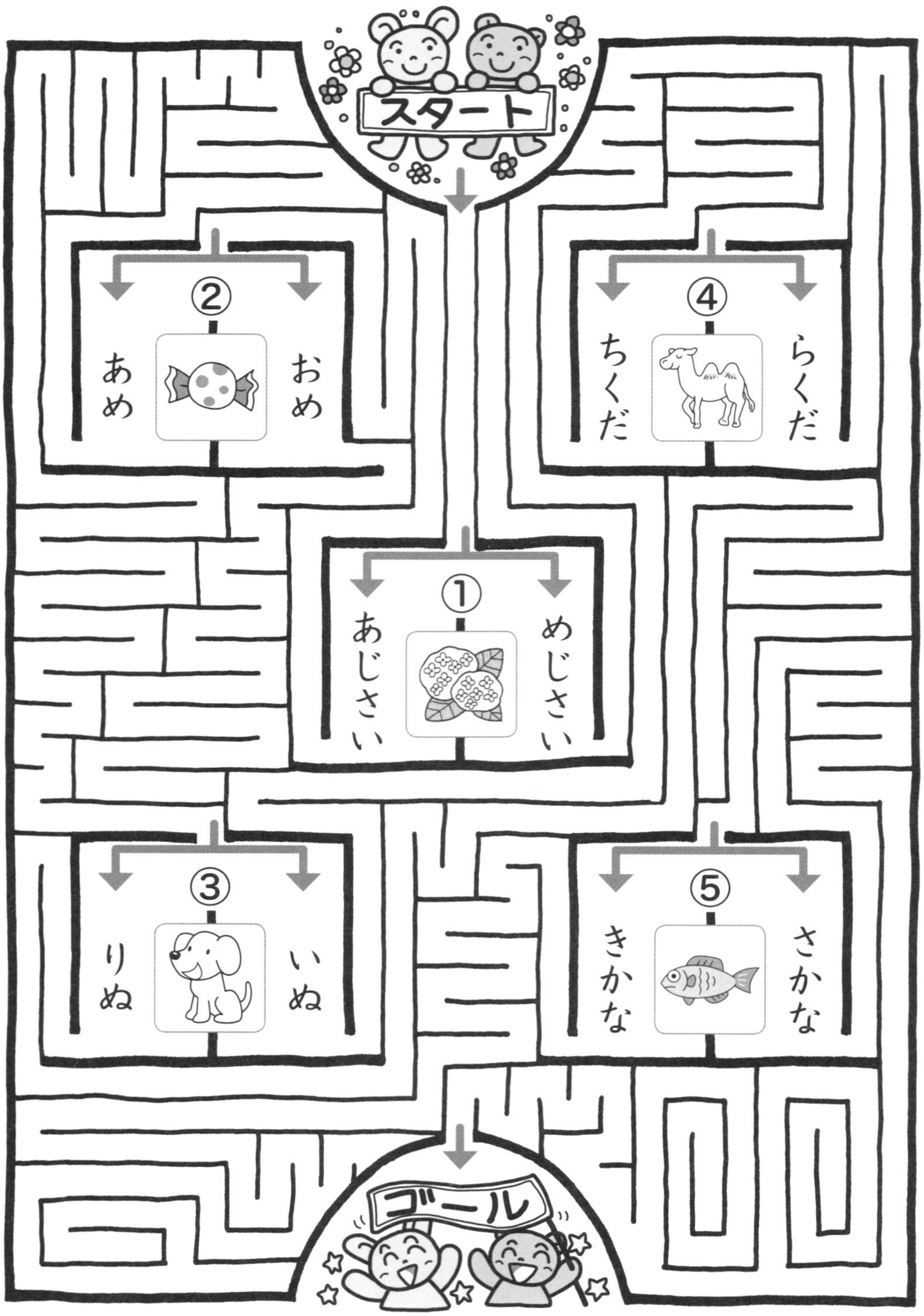

めいろ

ことばえらび②

にている もじ

なまえ

えを みて ことばが ただしい ほうに ○を して すすみましょう。

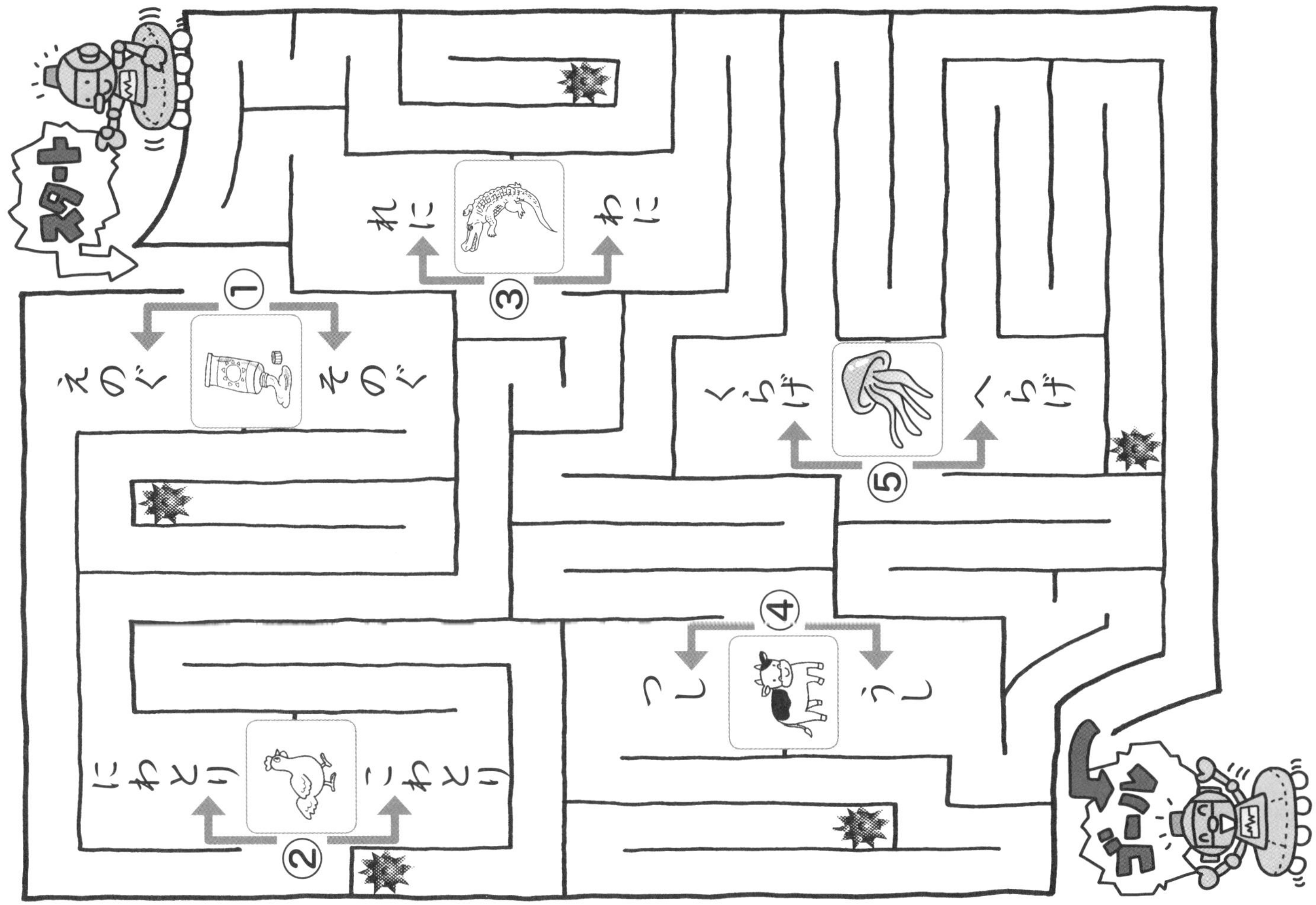

めいろ

ことばえらび ③

にている　もじ

なまえ

えを　みて　ことばが　ただしい　ほうに　○を　して　すすみましょう。

めいろ

ことばえらび ④

ちいさく かく もじと のばす おん

なまえ

えを みて ことばが ただしい ほうに ○を して すすみましょう。

めいろ

ことばえらび ⑤

ちいさく かく もじと のばすおん

なまえ

えを みて ことばが ただしい ほうに ○を して すすみましょう。

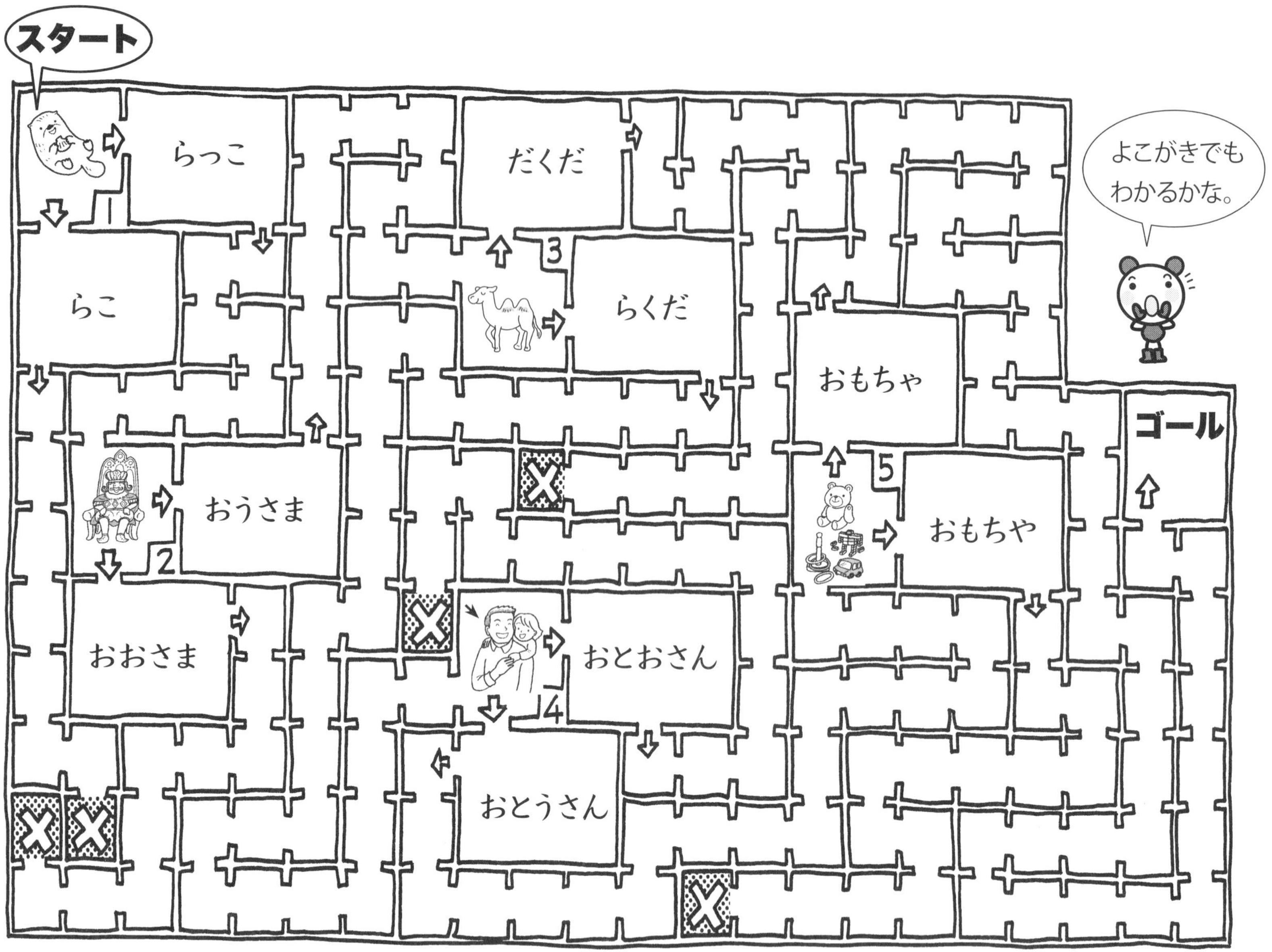

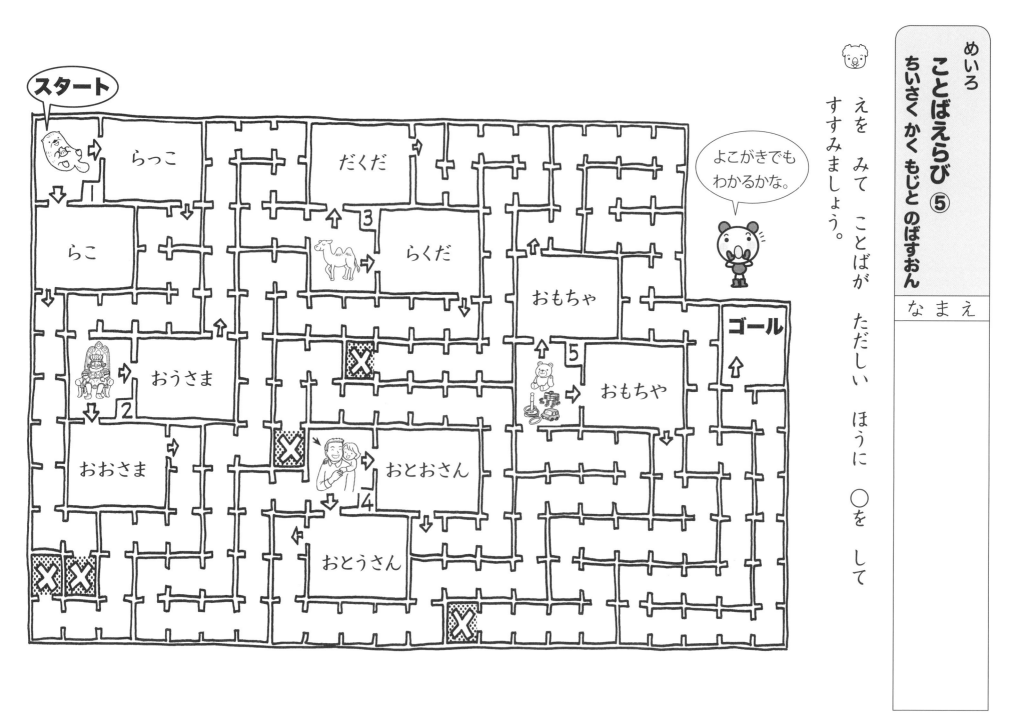

めいろ

どちらかな ①

にている おん「だ」の つく ことば

なまえ

えを みて □に 「だ」が はいる ことばを とおって すすみましょう。

めいろ

どちらかな ②

にている おん「で」の つく ことば

なまえ	

えを みて □に 「で」が はいる ことばを とおって すすみましょう。

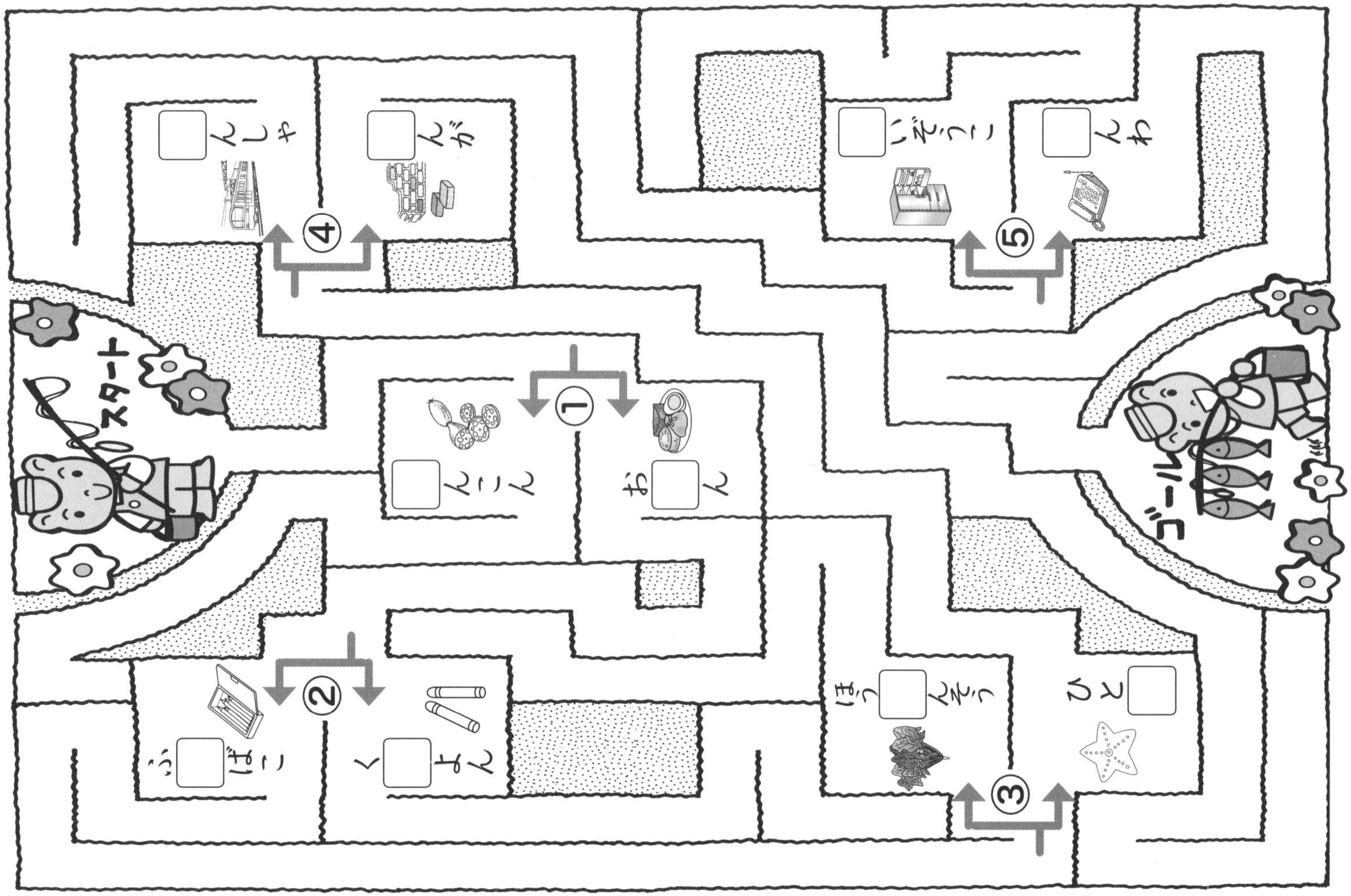

めいろ

どちらかな ③

にている おん「ど」の つく ことば

なまえ

えを みて □に「ど」が はいる ことばを とおって すすみましょう。

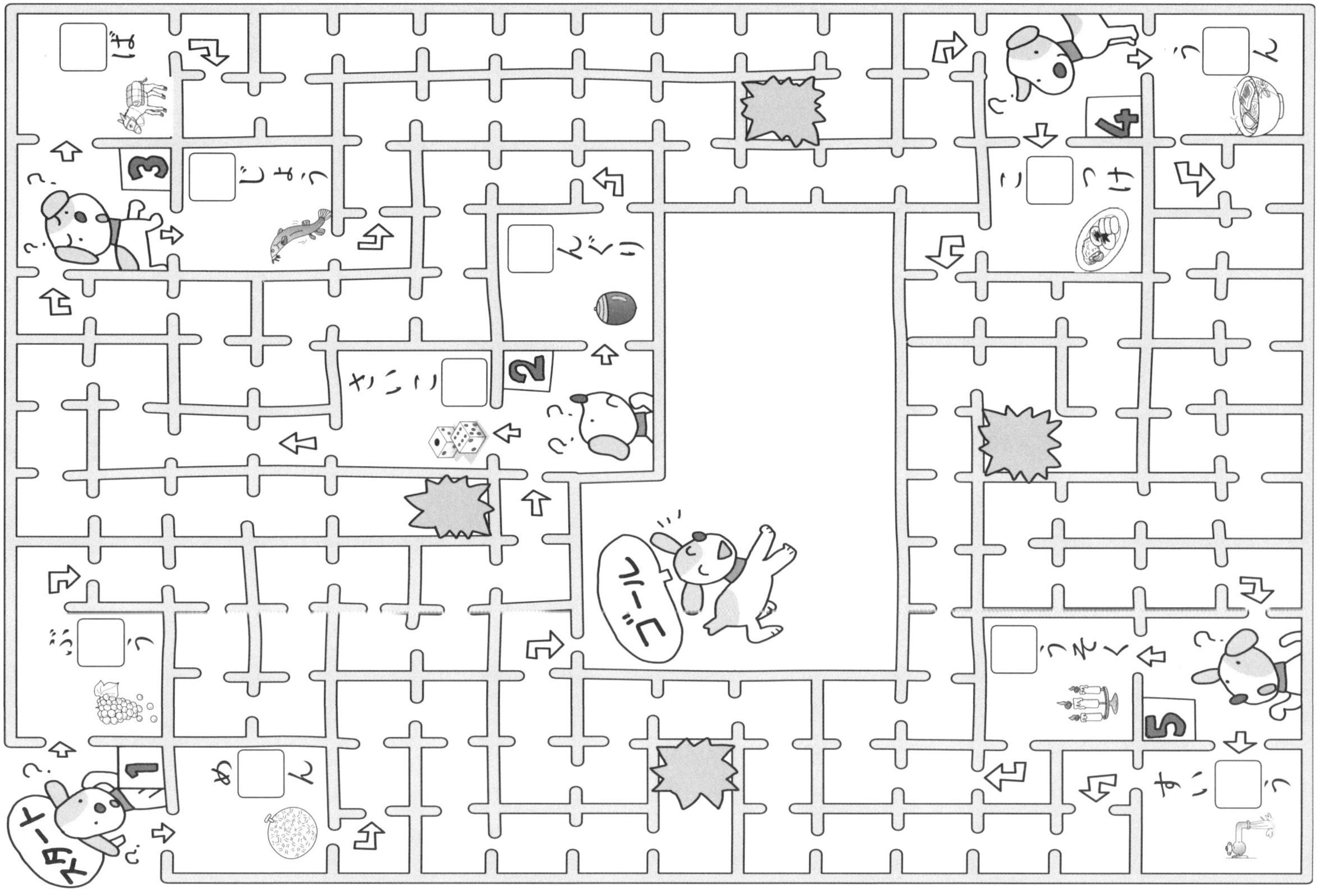

めいろ

どちらかな④

ちいさく かく もじと のばすおん

なまえ

えを みて ことばが ただしい ほうに ○を して すすみましょう。

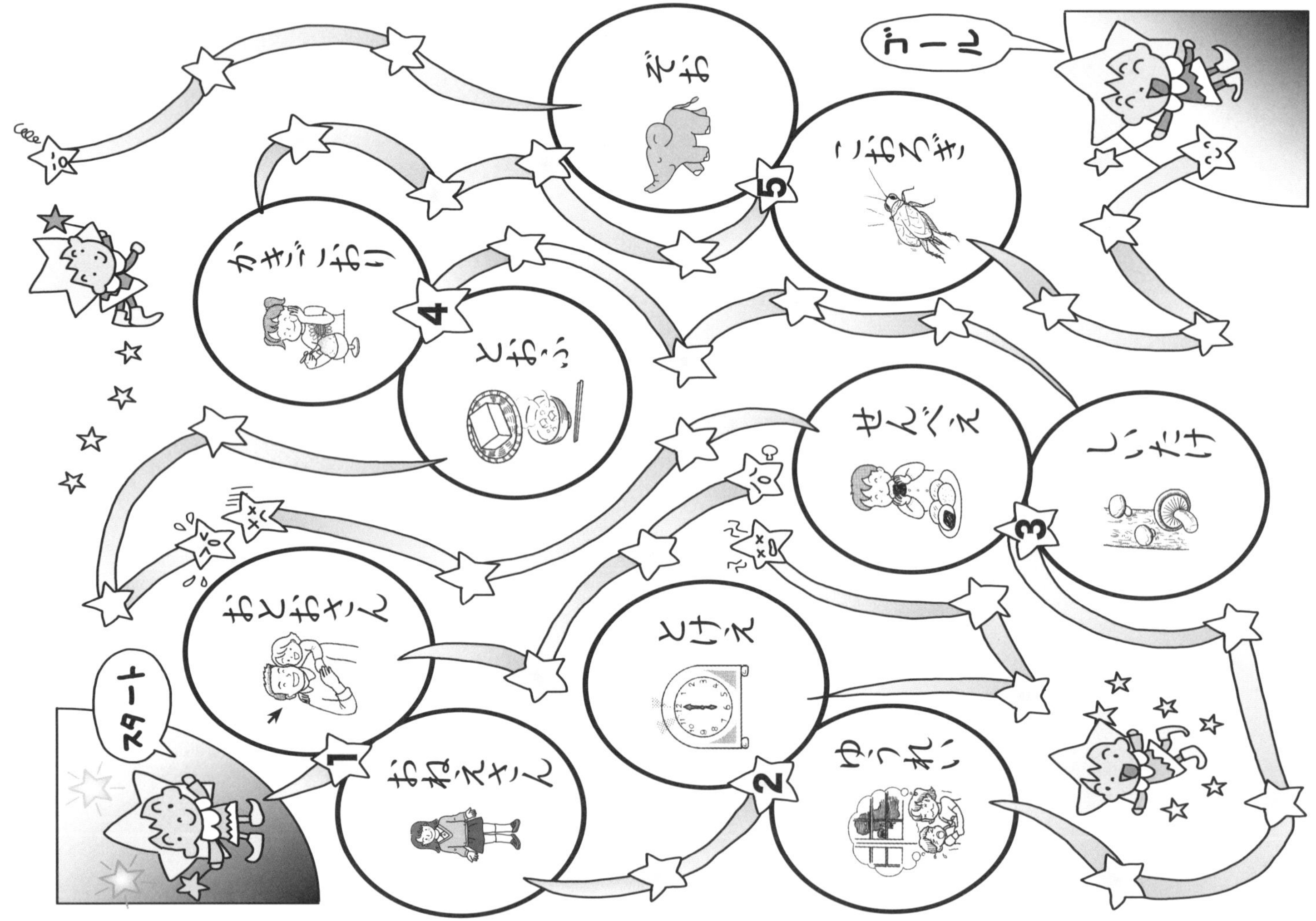

めいろ

どちらかな ⑤

ちいさく かく もじと のばすおん

なまえ	

えを みて ことばが ただしい ほうに ○を して すすみましょう。

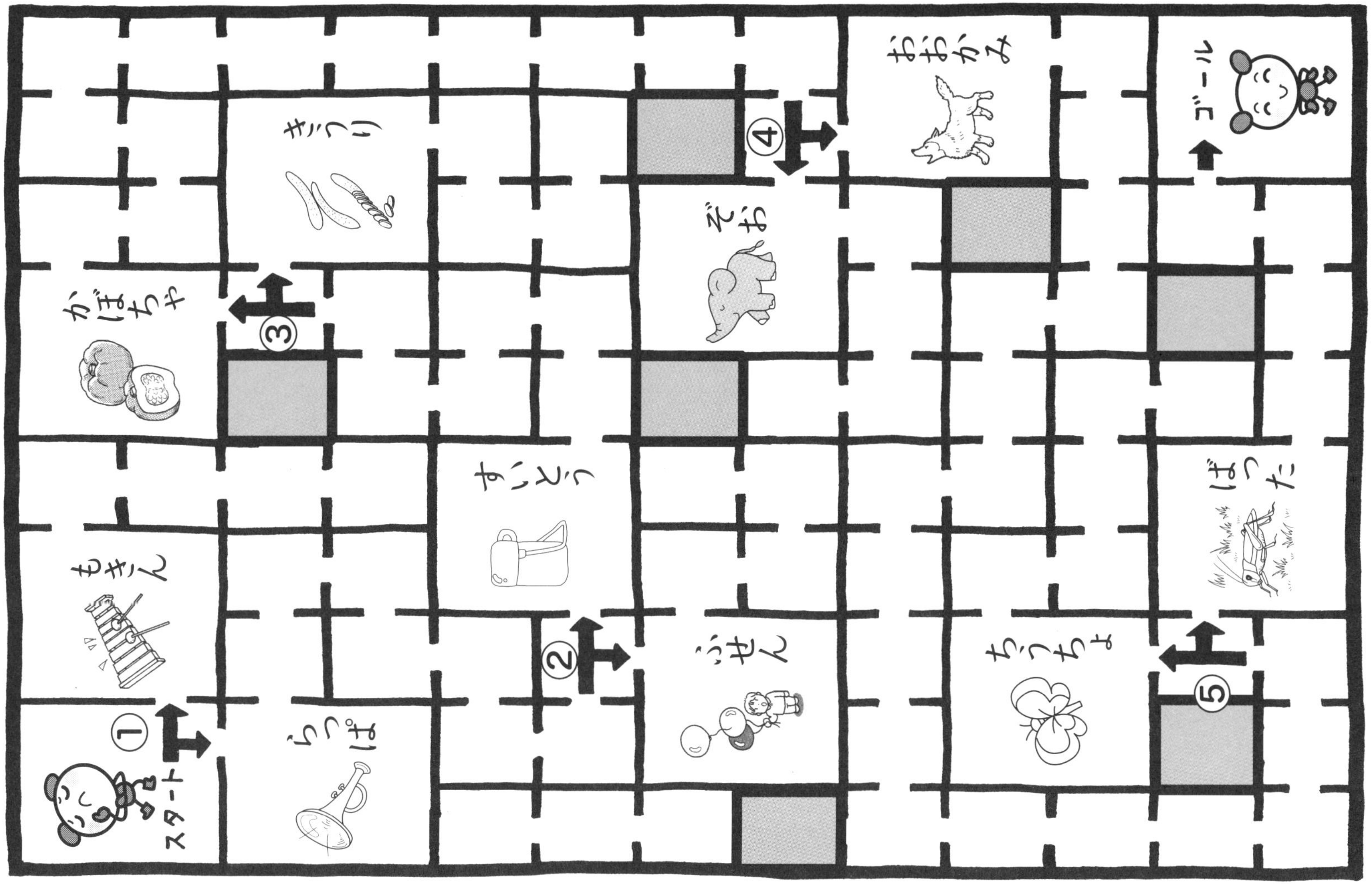

せんむすび

あいさつの ことば ①

なんて いえば いいのかな

なまえ

えを みて、 ことばと せんを つなぎましょう。

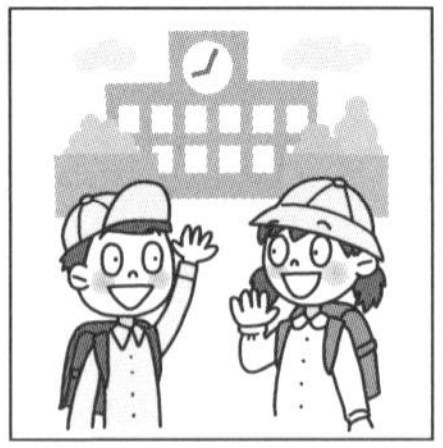

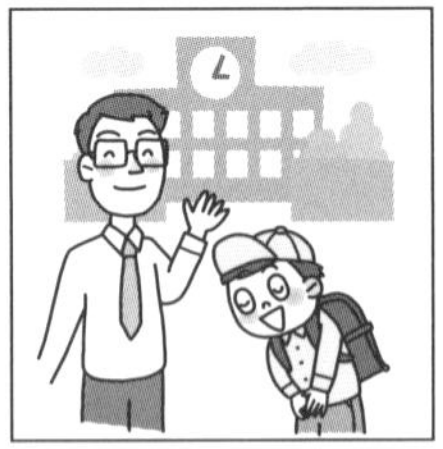

いただきます

こんにちは

おはよう

ごちそうさま

さようなら

ありがとう

せんむすび

あいさつの ことば ②

なんて いえば いいのかな

なまえ

えを みて、ことばと せんを つなぎましょう。

- いってきます
- おはようございます
- いってらっしゃい
- おやすみなさい
- ごめんなさい
- ただいま

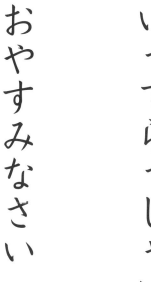

かくれんぼクイズ

ことばの なかの ことば ①

なにが いるかな

なまえ

いきものを あらわす ことばを みつけて □ に かきましょう。

① ぼうし の なかに うし が いる。

② ぞうきん の なかに ＿＿ が いる。

③ すいか の なかに ＿＿ が いる。

④ てちょう の なかに ＿＿＿ が いる。

⑤ あじさい の なかに ＿＿ と ＿＿ が いる。

かくれんぼクイズ

ことばの なかの ことば ②

なにが いるかな

なまえ

いきものを あらわす ことばを みつけて □ に かきましょう。

① さいふ の なかに 　　　　 が いる。

② れいぞうこ の なかに 　　　　 が いる。

③ かばん の なかに 　　　　 が いる。

④ わかめ の なかに 　　　　 が いる。

⑤ ちゅうしゃじょう の なかに 　　　　 が いる。

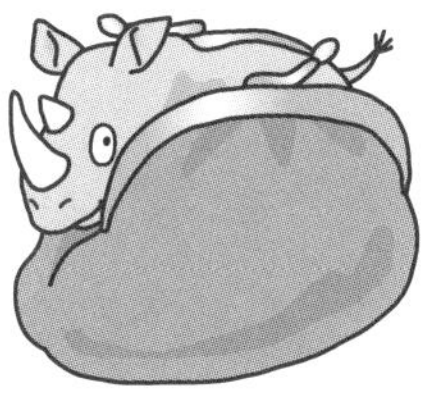

かくれんぼクイズ

ことばの なかの ことば ③

なにが いるかな

なまえ

いきものを あらわす ことばを みつけて □に かきましょう。

① とりい の なかに （　　） が いる。

② はくさい の なかに （　　） が いる。

③ たいこ の なかに （　　） が いる。

④ クリスマス の なかに （　　） が いる。

⑤ ぶたい の なかに （　　） と （　　） が いる。

かくれんぼクイズ

ことばの なかの ことば ④

なにが あるかな

なまえ

□に はいる ことばを みつけて かきましょう。

① はなび の なかに はな が ある。

② おおかみ の なかに □□ が ある。

③ きつつき の なかに □□ が ある。

④ しょうぼうしゃ の なかに □□□ が ある。

⑤ せんすいかん の なかに □□□ が ある。

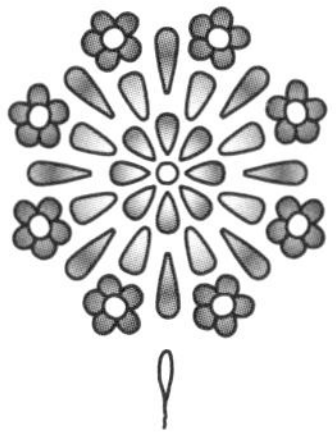

かくれんぼクイズ

ことばの なかの ことば ⑤

なにが あるかな

なまえ

□に はいる ことばを みつけて かきましょう。

① ふくろ の なかに □□ が ある。

② つくし の なかに □□ が ある。

③ はくさい の なかに □□ が ある。

④ すいとう の なかに □□ が ある。

⑤ しいたけ の なかに □□ と □□ が ある。

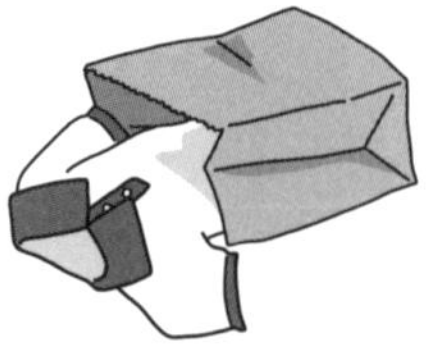

かくれんぼクイズ

ことばの なかの ことば ⑥

なにが あるかな

なまえ

□に はいる ことばを みつけて かきましょう。

① みかん の なかに □□ が ある。

② パンダ の なかに □□ が ある。

③ フライパン の なかに □□ が ある。

④ ダンボール の なかに □□□ が ある。

⑤ プリント の なかに □□□ が ある。

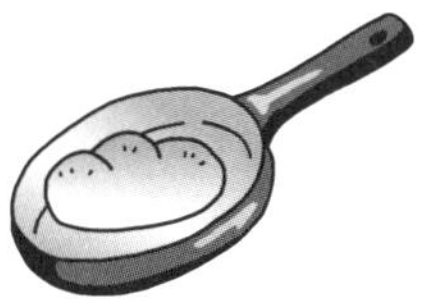

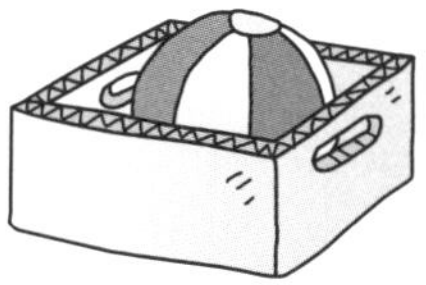

もじの ならべかえ クイズ

3もじの ことば ①

なまえ

もじを ならべかえて ただしい ことばを かきましょう。

① じ ら く ⇓ くじら

② ち ご い ⇓

③ の ぐ え ⇓

④ す か ら ⇓

⑤ め ね が ⇓

⑥ る ま く ⇓

● かけたら ことばを あらわす えに ○を しましょう。

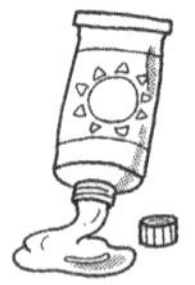

もじの ならべかえ クイズ

3もじの ことば ②

なまえ

もじを ならべかえて ただしい ことばを かきましょう。

① か め わ ⇓

② さ み は ⇓

③ ら く げ ⇓

④ ほ ん え ⇓

⑤ ぼ ん と ⇓

⑥ く ら だ ⇓

● かけたら ことばを あらわす えに ○を しましょう。

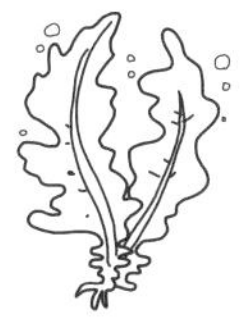

もじの ならべかえ クイズ

3もじの ことば ③

ちいさく かく もじと のばす おん

なまえ

もじを ならべかえて ただしい ことばを かきましょう。

① う ぶ ど ⇓

② こ っ ら ⇓

③ し う ぼ ⇓

④ う ひ ょ ⇓

⑤ た ば っ ⇓

⑥ お こ り ⇓

● かけたら ことばを あらわす えに ○を しましょう。

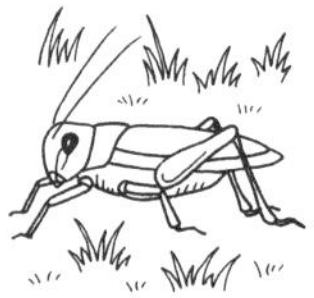

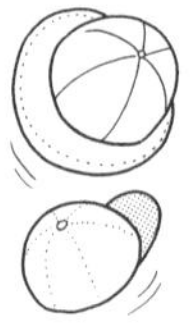

もじの ならべかえ クイズ

3もじの ことば ④

ちいさく かく もじと のばす おん

なまえ

もじを ならべかえて ただしい ことばを かきましょう。

① ず め す

⇓

② ぱ ら っ

⇓

③ ご ら り

⇓

④ ん み か

⇓

⑤ う り ゅ

⇓

⑥ な さ か

⇓

● かけたら ことばを あらわす えに ○を しましょう。

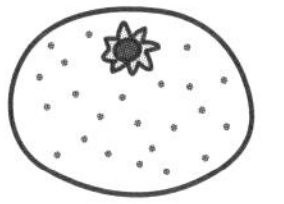

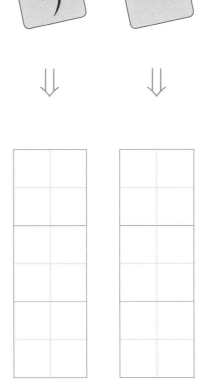

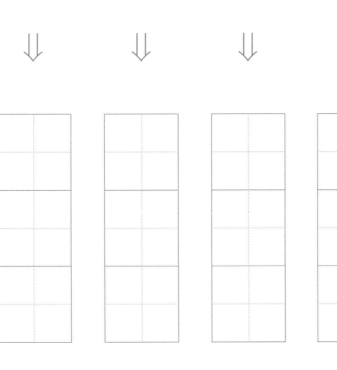

もじの ならべかえ クイズ

3もじの ことば ⑤

ちいさく かく もじと のばす おん

なまえ

もじを ならべかえて ただしい ことばを かきましょう。

① か い す

⇓

② ふ と う

⇓

③ さ う ぎ

⇓

④ ら く さ

⇓

⑤ て き っ

⇓

⑥ こ い た

⇓

● かけたら ことばを あらわす えに ○を しましょう。

もじの ならべかえ クイズ

3もじの ことば ⑥

ちいさく かく もじと のばす おん

なまえ

もじを ならべかえて ただしい ことばを かきましょう。

① う き ほ

⇓

② え く つ

⇓

③ ぽ し っ

⇓

④ ま だ る

⇓

⑤ ね つ き

⇓

⑥ す り く

⇓

●かけたら ことばを あらわす えに ○を しましょう。

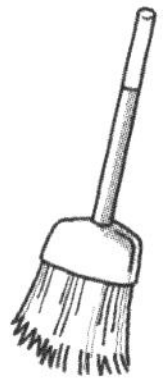

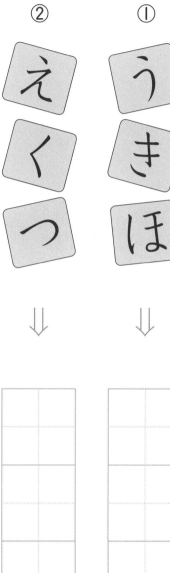

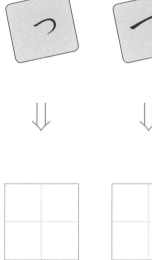

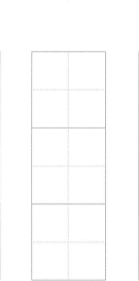

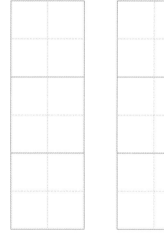

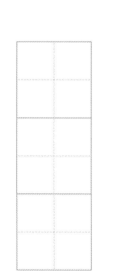

もじの ならべかえ クイズ

4もじの ことば ①

なまえ

もじを ならべかえて ただしい ことばを かきましょう。

① ま う ま し ⇩ しまうま

② と な び わ ⇩

③ ま ひ り わ ⇩

④ ん じ に ん ⇩

⑤ り わ に と ⇩

⑥ ぴ ん つ え ⇩

● かけたら ことばを あらわす えに ○を しましょう。

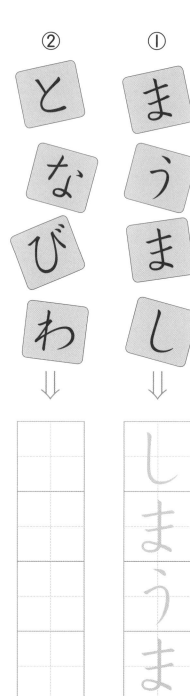

もじの ならべかえ クイズ

4もじの ことば ②

なまえ

もじを ならべかえて ただしい ことばを かきましょう。

① お さ が あ ⇩

② た つ し く ⇩

③ ふ ん さ じ ⇩

④ あ し ざ ら ⇩

⑤ が な つ ぐ ⇩

⑥ こ れ ん ん ⇩

● かけたら ことばを あらわす えに ○を しましょう。

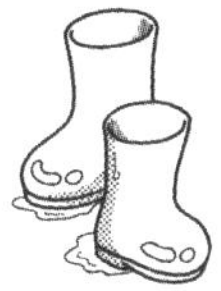

もじの ならべかえ クイズ

4もじの ことば ③

ちいさく かく もじと のばす おん

なまえ

もじを ならべかえて ただしい ことばを かきましょう。

① い う す と

② う ぼ て つ

③ ひ き う こ

④ こ っ が う

⑤ ち ゃ ぼ か

⑥ い せ ん せ

● かけたら ことばを あらわす えに ○を しましょう。

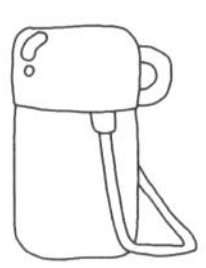

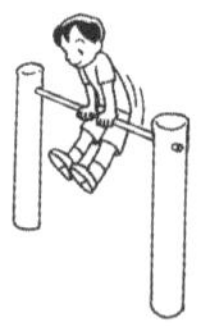

もじの ならべかえ クイズ

4もじの ことば ④

ちいさく かく もじと のばす おん

なまえ

もじを ならべかえて ただしい ことばを かきましょう。

① し の い し

② そ み る し

③ み な り か

④ う ん ふ せ

⑤ ね ま た ぎ

⑥ ん け っ せ

● かけたら ことばを あらわす えに ○を しましょう。

もじの ならべかえ クイズ

4もじの ことば ⑤

ちいさく かく もじと のばす おん

なまえ

もじを ならべかえて ただしい ことばを かきましょう。

① と な う っ

② お か み お

③ ち ょ う だ

④ く ぶ て ろ

⑤ き そ じ う

⑥ し っ き ょ

● かけたら ことばを あらわす えに ○を しましょう。

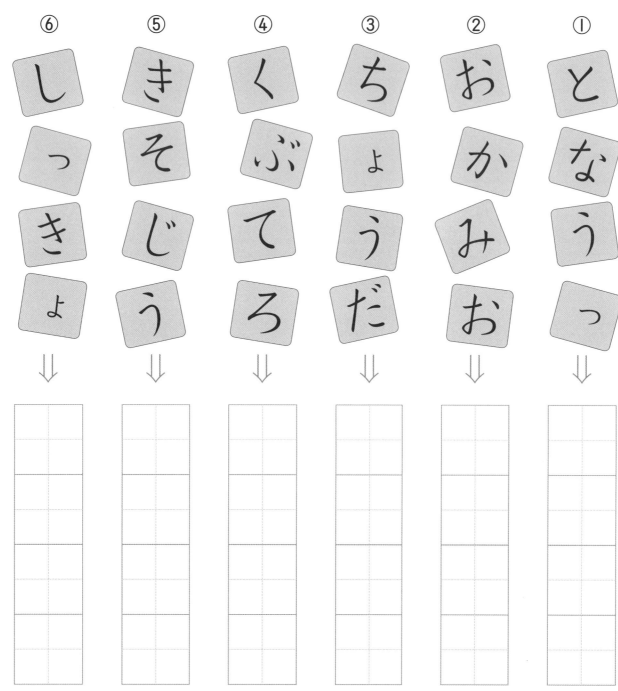

もじの ならべかえ クイズ

4もじの ことば ⑥

ちいさく かく もじと のばす おん

なまえ

もじを ならべかえて ただしい ことばを かきましょう。

① う き き ゅ

② だ ん か い

③ ろ く ふ う

④ こ け の た

⑤ け こ か っ

⑥ い ん こ だ

● かけたら ことばを あらわす えに ○を しましょう。

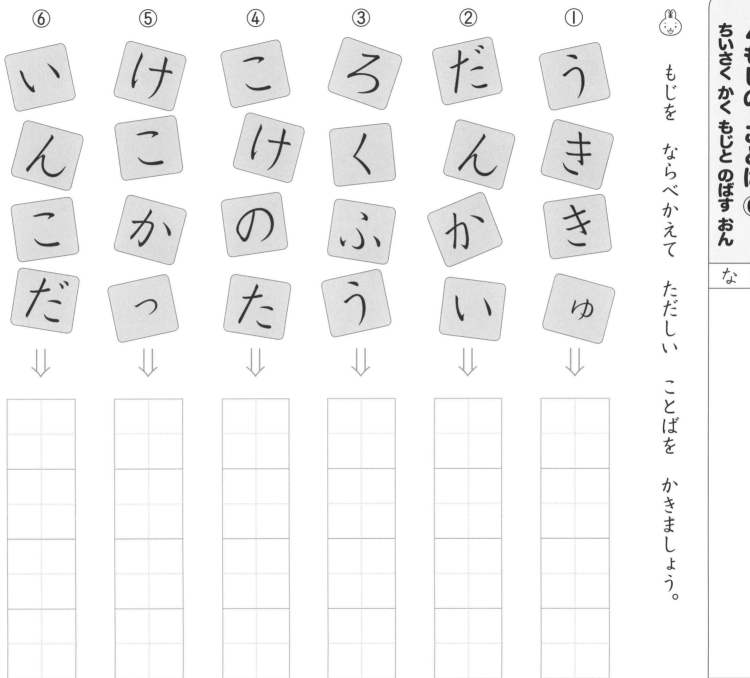

もじの ならべかえ クイズ

5もじの ことば ①

なまえ

もじを ならべかえて ただしい ことばを かきましょう。

① まきだやめ ⇓ めだまやき

② とぶかしむ ⇓

③ まきゆるだ ⇓

④ ぼくらんさ ⇓

⑤ べすいりだ ⇓

⑥ なしがぼれ ⇓

● かけたら ことばを あらわす えに ○を しましょう。

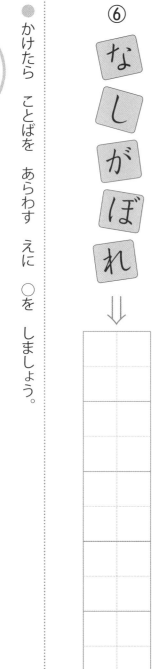

もじの ならべかえ クイズ

5もじの ことば ②

なまえ

もじを ならべかえて ただしい ことばを かきましょう。

① ち ば き え う

② ぶ し ん し ん

③ ぐ ぬ い み る

④ ま り の ぼ や

⑤ は が み き こ

⑥ か ん り じ わ

● かけたら ことばを あらわす えに ○を しましょう。

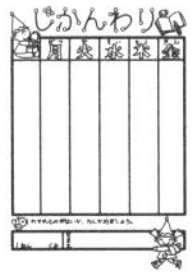

もじの ならべかえ クイズ

5もじの ことば ③

ちいさく かく もじと のばす おん

なまえ

もじを ならべかえて ただしい ことばを かきましょう。

① お さ ん あ か

② お せ っ い と

③ て し ゃ じ ん

④ せ き う ぷ ん

⑤ り か お き ご

⑥ ち ち ょ う ょ

● かけたら ことばを あらわす えに ○を しましょう。

もじの ならべかえ クイズ

5もじの ことば ④

ちいさく かく もじと のばす おん

なまえ

もじを ならべかえて ただしい ことばを かきましょう。

① ら っ こ め に

② く れ か ぼ ん

③ じ ゃ う ど し

④ ね し む が め

⑤ ぼ ん と せ お

⑥ な つ ま ひ り

かけたら ことばを あらわす えに ○を しましょう。

もじの ならべかえ クイズ

5もじの ことば ⑤

ちいさく かく もじと のばす おん

なまえ

もじを ならべかえて ただしい ことばを かきましょう。

① の り ぼ い こ

② き ょ ん う べ

③ ね ん お さ え

④ む か つ た り

⑤ り ゃ し っ く

⑥ つ か な り さ

● かけたら ことばを あらわす えに ○を しましょう。

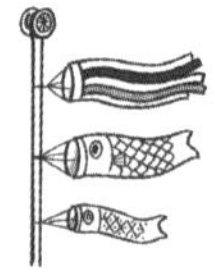

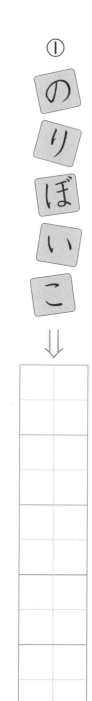

もじの ならべかえ クイズ

5もじの ことば ⑥

ちいさく かく もじと のばす おん

なまえ

もじを ならべかえて ただしい ことばを かきましょう。

① ぎ ゅ う ち き

② ぎ ょ ん に う

③ う び ょ ん い

④ こ ぞ う い れ

⑤ で い け う ど

⑥ も じ ゃ が い

● かけたら ことばを あらわす えに ○を しましょう。

おなじもじクイズ

ひらがな①

なまえ

ただしい ことばに なるように □に それぞれ おなじ もじを いれて かきましょう。

おなじ もじ

① に□じ□

② き□□き

③ か□ら□しゃ

④ でん□んば□ら

⑤ た□□くかん

⑥ □□かみ

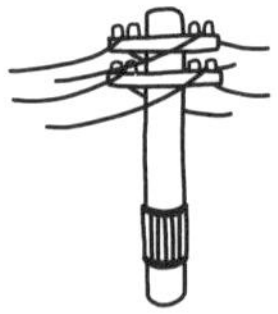

おなじもじクイズ

ひらがな②

なまえ

ただしい ことばに なるように □に それぞれ おなじ もじを いれて かきましょう。

① たん□□

② きょ□りゅ□

③ し□か□せ□

④ しょ□がっこ□

⑤ て□て□ぼうず

⑥ □ゃ□ん

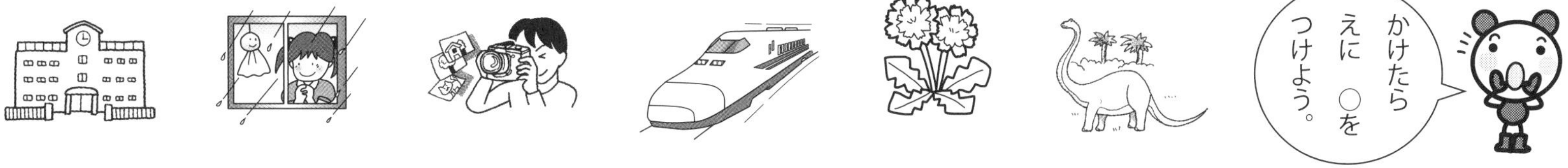

おなじもじクイズ

ひらがな ③

なまえ

ただしい ことばに なるように □に それぞれ おなじ もじを いれて かきましょう。

① し□う□

② ほ□れんそ□

③ け□た□でんわ

④ お□だんほど□

⑤ □ょう□ん

⑥ □のは□

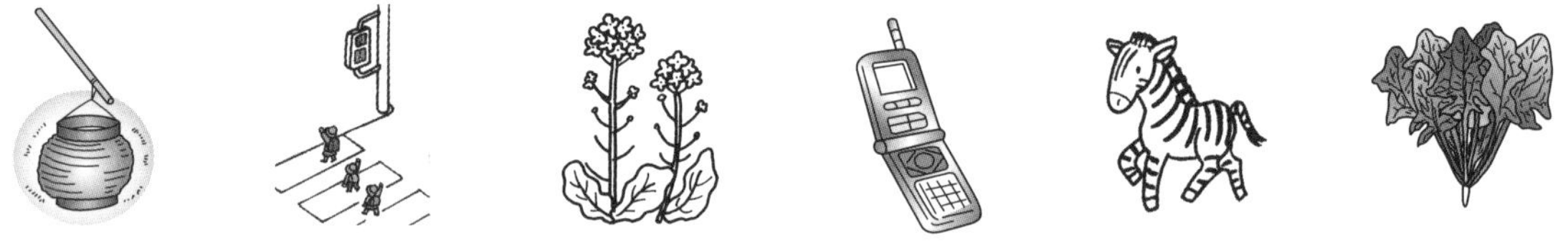

おなじもじクイズ
ひらがな④

なまえ

ただしい ことばに なるように □に それぞれ おなじ もじを いれて かきましょう。

① い の □ □

② と □ ょ □ つ

③ せ □ す い か □

④ □ ょ う ぼ う □ ゃ

⑤ □ ん ど □ か い

⑥ □ ん □ い

おなじもじクイズ

カタカナ ①

なまえ

ただしい ことばに なるように □に それぞれ おなじ もじを いれて カタカナで かきましょう。

① バ□□

② ペ□ギ□

③ クリ□マ□

④ メロ□パ□

⑤ キ□ッチ□ー

⑥ □タ□ナ

おなじもじクイズ
カタカナ ②

なまえ

ただしい ことばに なるように □に それぞれ おなじ もじを いれて カタカナで かきましょう。

① チ□パ□ジー

② ウク□□

③ トラ□ポリ□

④ リュ□クサ□ク

⑤ □マ□

⑥ □ャングル□ム

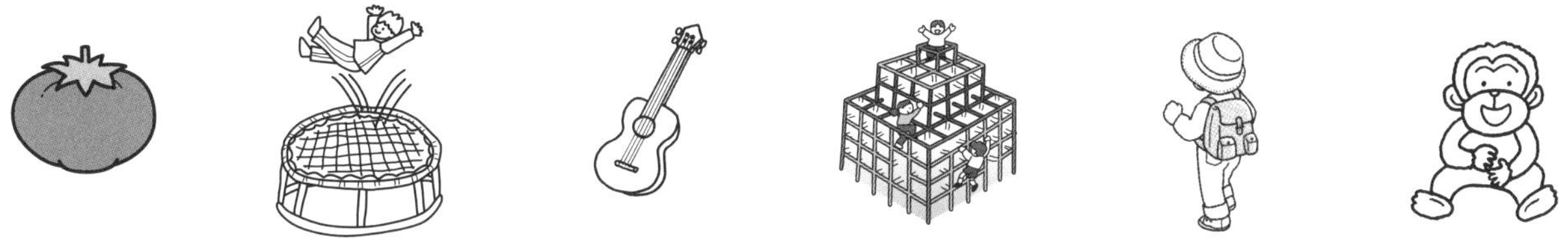

せんむすび

きせつの ことば ①

はる

なまえ

「はる」と いえば、 おもいだす ことばは なんでしょう。 えを みて、 ことばの はじめの もじを みつけて せんで つなぎ、 ことばを かきましょう。

た

さ

ち

ひ

にゅ　しき

つ

ほかに あるかな。

そつぎょうしき

はなみ

せんむすび

きせつの ことば ②
なつ

なまえ

「なつ」と いえば、 おもいだす ことばは なんでしょう。えを みて、 ことばの はじめの もじを みつけて せんで つなぎ、 ことばを かきましょう。

は

せ

う

かき

ひ

あ

ほかに あるかな。

なつまつり

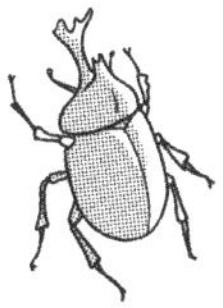

かぶとむし

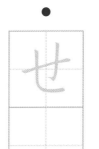

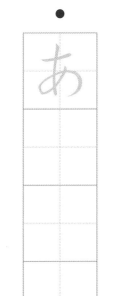

せんむすび

きせつの ことば③

あき

なまえ

「あき」と いえば、おもいだす ことばは なんでしょう。えを みて、ことばの はじめの もじを みつけて せんで つなぎ、ことばを かきましょう。

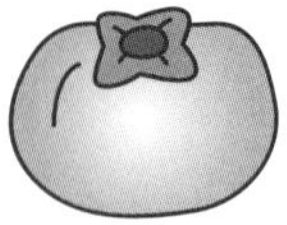

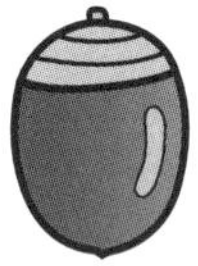

あかと

こ

も

か

ぶ

ど

ほかに あるかな。

なし

つきみ

ハロウィン

せんむすび
きせつの ことば ④
ふゆ

なまえ

「ふゆ」と いえば、おもいだす ことばは なんでしょう。えを みて、ことばの はじめの もじを みつけて せんで つなぎ、ことばを かきましょう。

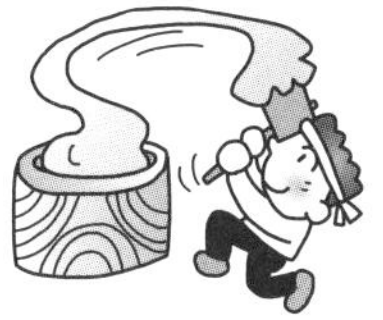

こ

て

ゆ

おおみ

しょ

も

ほかに あるかな。

クリスマス

せつぶん

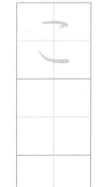

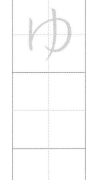

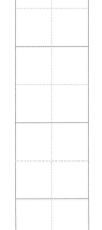

※この解答は１つの例です。児童の多様な考えに寄り添って◯つけをして下さい。

10頁

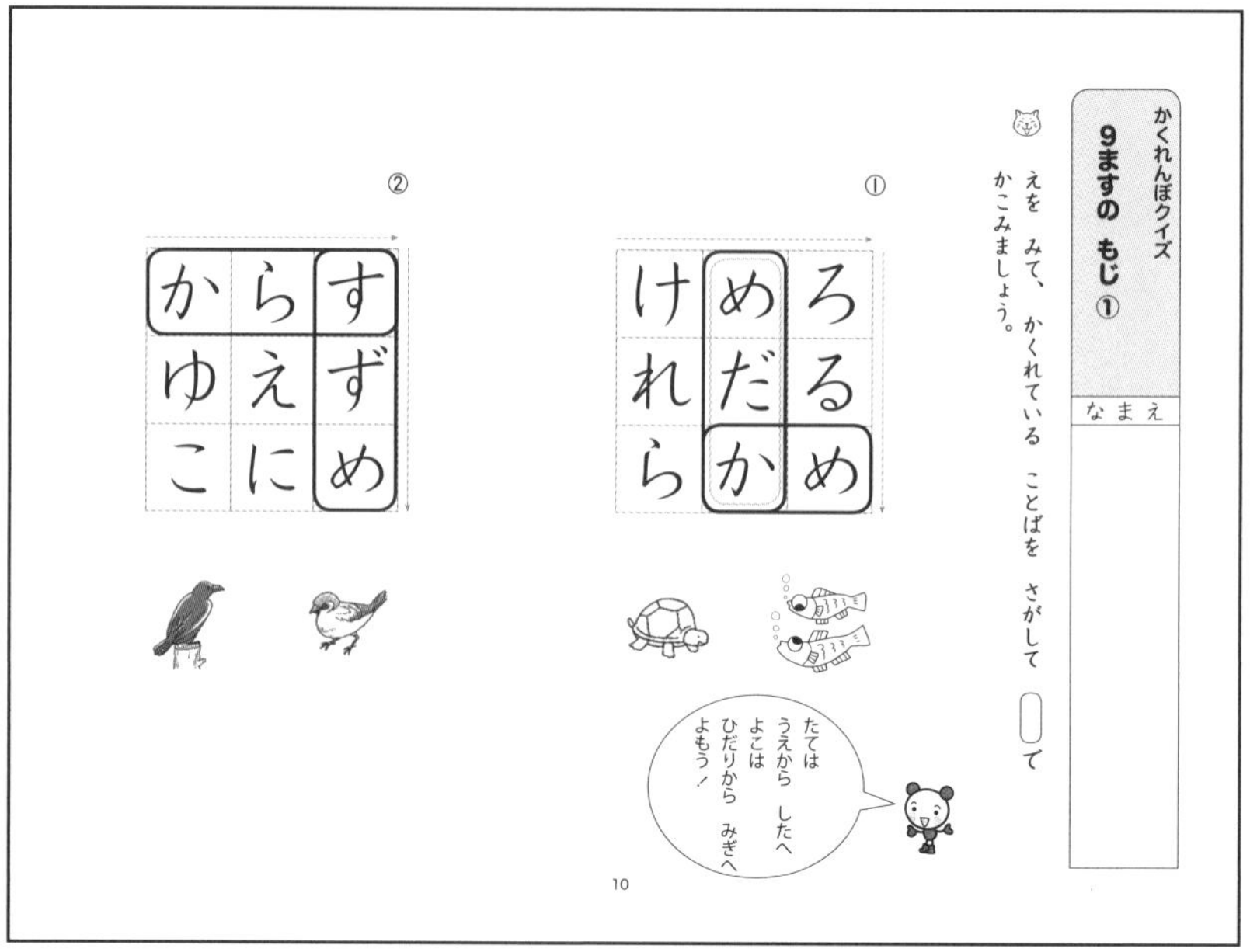

かくれんぼクイズ

9ますの もじ ①

なまえ

えを みて、かくれている ことばを さがして ◯で かこみましょう。

①

け	め	ろ
れ	だ	る
ら	か	め

②

か	ら	す
ゆ	え	ず
こ	に	め

たては うえから したへ よこは ひだりから みぎへ よもう！

10

11頁

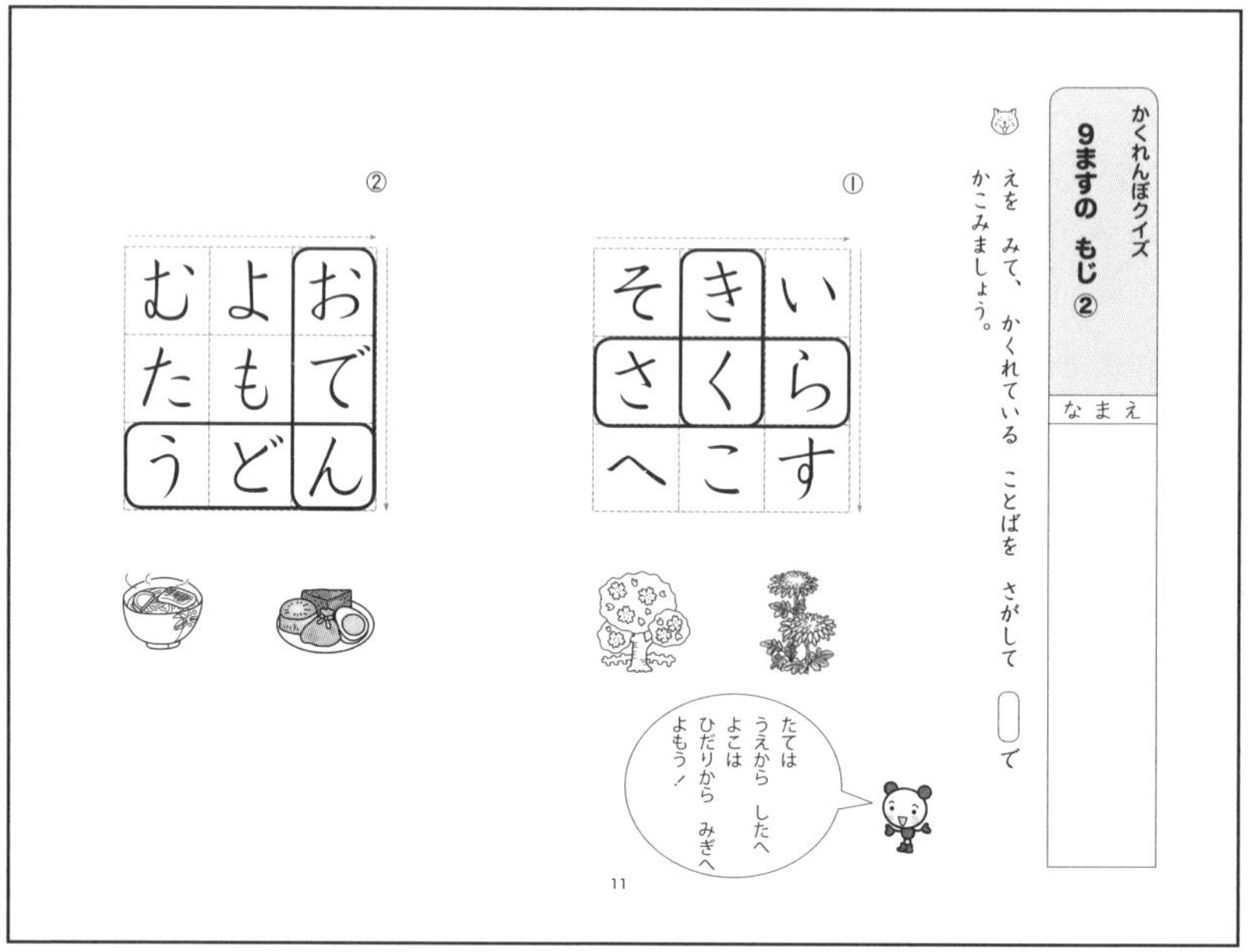

かくれんぼクイズ

9ますの もじ ②

なまえ

えを みて、かくれている ことばを さがして ◯で かこみましょう。

①

そ	き	い
さ	く	ら
へ	こ	す

②

む	よ	お
た	も	で
う	ど	ん

たては うえから したへ よこは ひだりから みぎへ よもう！

11

12頁

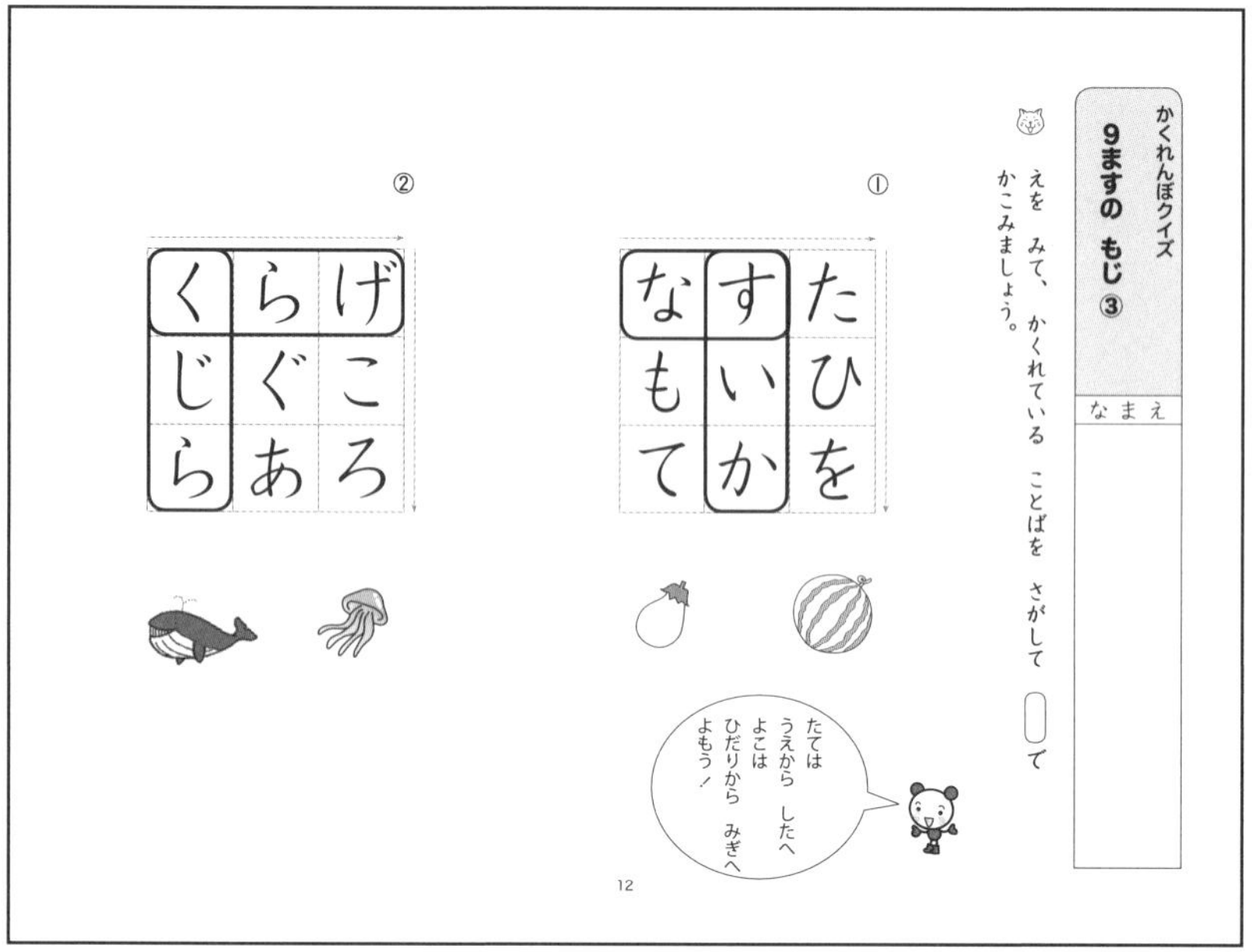

かくれんぼクイズ

9ますの もじ ③

なまえ

えを みて、かくれている ことばを さがして ◯で かこみましょう。

①

な	す	た
も	い	ひ
て	か	を

②

く	ら	げ
じ	ぐ	こ
ら	あ	ろ

たては うえから したへ よこは ひだりから みぎへ よもう！

12

13頁

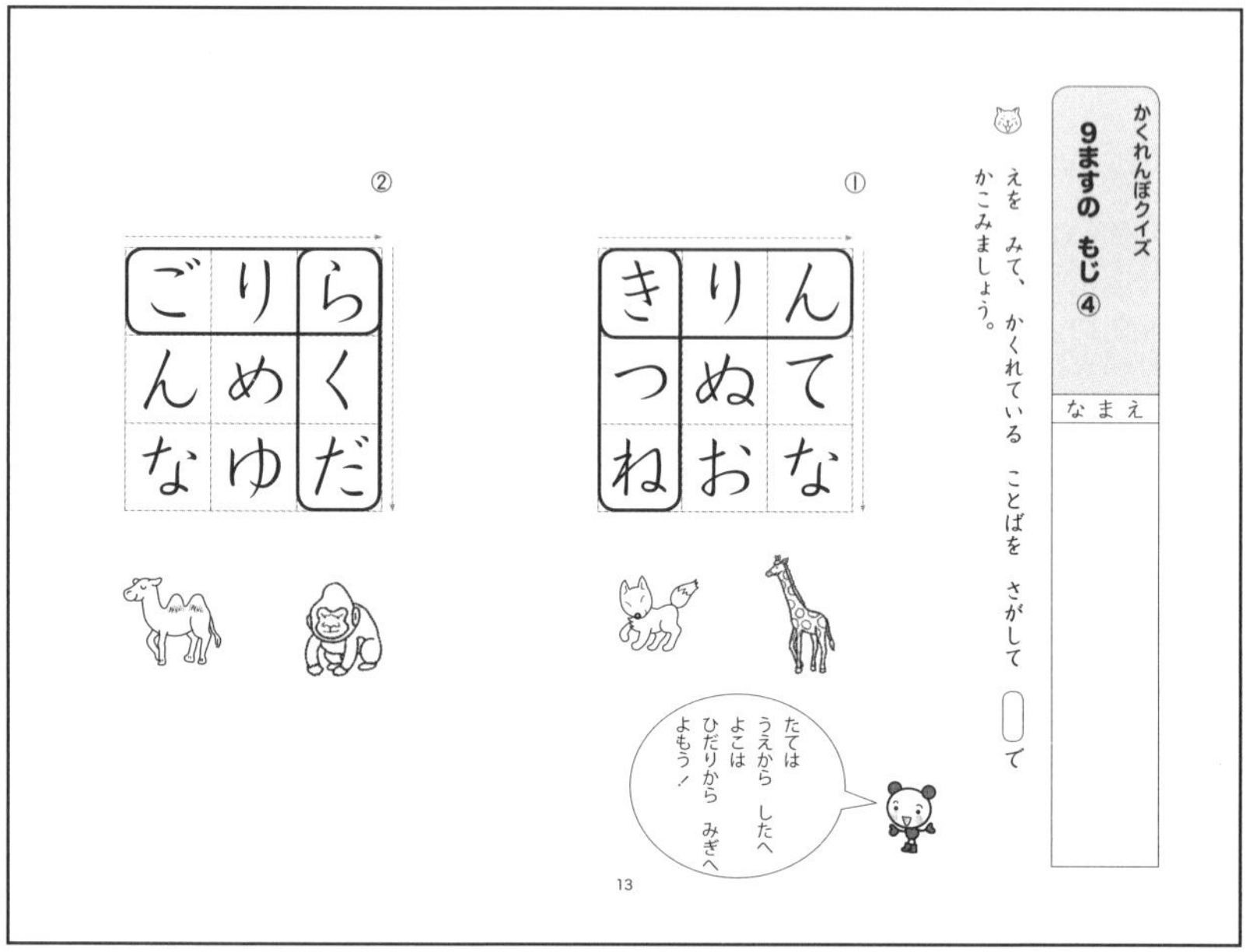

かくれんぼクイズ

9ますの もじ ④

なまえ

えを みて、かくれている ことばを さがして ◯で かこみましょう。

①

き	り	ん
つ	ぬ	て
ね	お	な

②

ご	り	ら
ん	め	く
な	ゆ	だ

たては うえから したへ よこは ひだりから みぎへ よもう！

13

※この解答は１つの例です。児童の多様な考えに寄り添って○つけをして下さい。

14頁

かくれんぼクイズ
9ますの もじ ⑤
のばす おん

なまえ

えを みて、かくれている ことばを ３つ さがして ◯ で かこみましょう。

①

く	あ	り
て	ひ	へ
い	る	か

②

ぞ	ぬ	ろ
う	さ	ぎ
せ	る	け

ことばは ３つずつ あるよ。
さがした ことばの えを ◯で かこもう！

14

15頁

かくれんぼクイズ
9ますの もじ ⑥
のばす おん

なまえ

えを みて、かくれている ことばを ３つ さがして ◯ で かこみましょう。

①

け	わ	ほ
い	す	あ
と	け	い

②

め	さ	り
み	か	ん
い	ち	ご

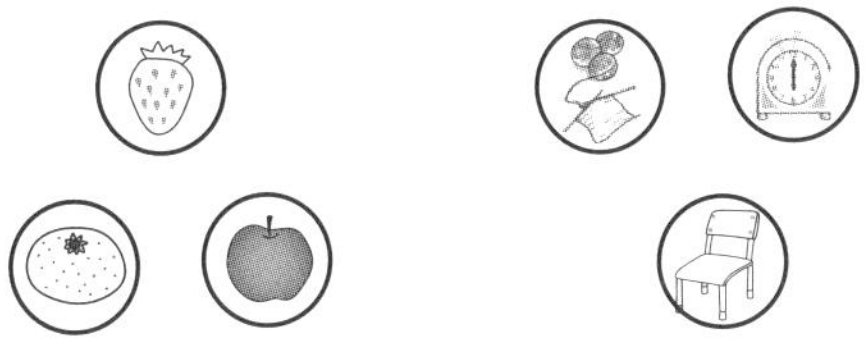

ことばは ３つずつ あるよ。
さがした ことばの えを ◯で かこもう！

15

16頁

かくれんぼクイズ
9ますの もじ ⑦
ちいさく かく もじと のばす おん

なまえ

えを みて、かくれている ことばを ３つ さがして ◯ で かこみましょう。

①

つ	み	き
く	ひ	う
え	い	ご

②

ら	く	だ
っ	を	る
こ	よ	ま

ことばは ３つずつ あるよ。
さがした ことばの えを ◯で かこもう！

16

17頁

かくれんぼクイズ
9ますの もじ ⑧
ちいさく かく もじと のばす おん

なまえ

えを みて、かくれている ことばを ３つ さがして ◯ で かこみましょう。

①

ば	け	つ
っ	も	わ
た	い	や

②

き	り	ん
あ	ゅ	れ
ぼ	う	し

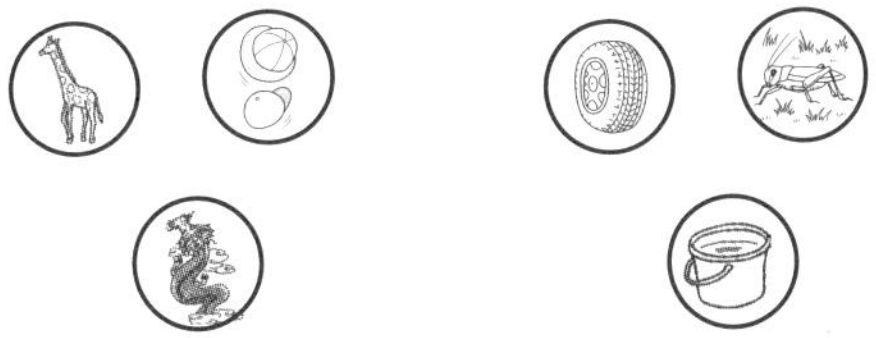

ことばは ３つずつ あるよ。
さがした ことばの えを ◯で かこもう！

17

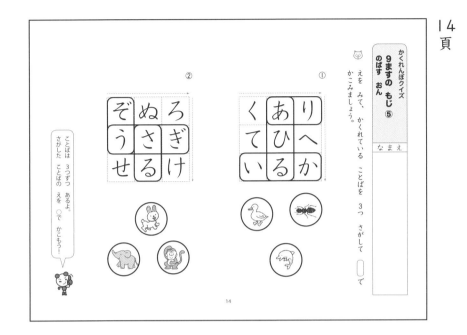

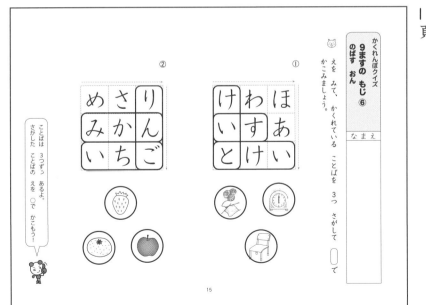

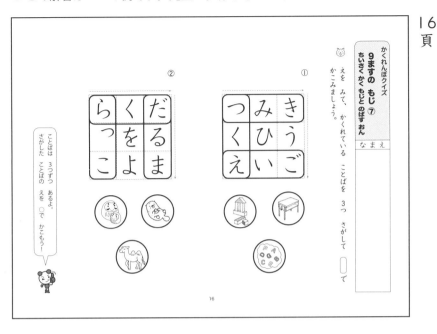

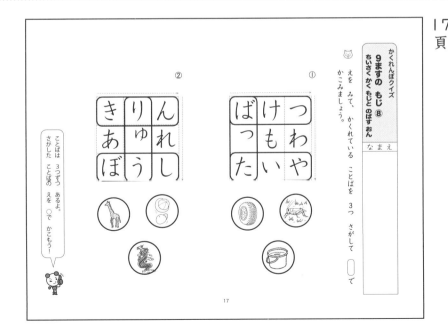

※ この解答は１つの例です。児童の多様な考えに寄り添って○つけをして下さい。

18頁

かくれんぼクイズ「やさい」
16ますの もじ ①

なまえ

かくれている ことば 「やさい」 4つを さがして ▢ で かこみましょう。

①

ゆ	な	く	だ
ら	す	ふ	い
と	ま	と	こ
に	ん	じ	ん

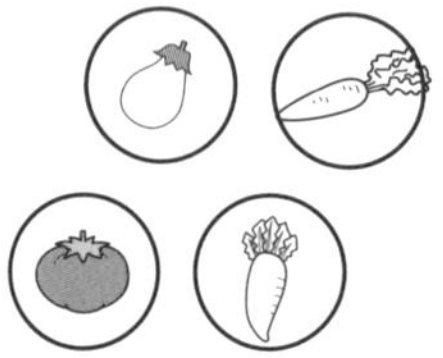

②

た	ま	ね	ぎ
け	ふ	も	い
の	か	や	さ
こ	ぶ	し	と

18

19頁

かくれんぼクイズ「からだの ぶぶん」
16ますの もじ ②

なまえ

かくれている ことば 「からだの ぶぶん」 4つを さがして ▢ て かこみましょう。

①

あ	た	ま	ぬ
し	や	ゆ	せ
ほ	む	げ	と
は	な	い	ひ

②

か	み	の	け
よ	み	い	よ
ゆ	さ	く	び
れ	り	ち	あ

19

20頁

かくれんぼクイズ「どうぶつ」
16ますの もじ ③

なまえ

かくれている ことば 「どうぶつ」 4つを さがして ▢ て かこみましょう。 さがしたら えに ○を しましょう。

①

た	ぬ	き	ふ
め	る	つ	き
ぐ	す	ね	り
ら	い	お	ん

②

る	く	ふ	あ
し	ま	う	ま
め	む	さ	る
や	い	ぎ	め

20

21頁

かくれんぼクイズ「くだもの」
16ますの もじ ④
のばす おん

なまえ

かくれている ことば 「くだもの」 4つを さがして ▢ て かこみましょう。 さがしたら えに ○を しましょう。

①

し	す	い	か
な	く	ち	ぶ
り	ん	ご	ど
と	た	せ	う

②

わ	い	に	め
も	ぶ	そ	ろ
も	み	か	ん
ば	な	な	よ

21

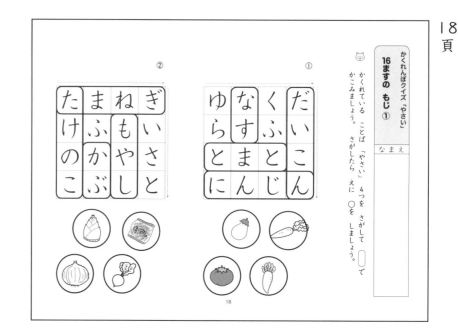

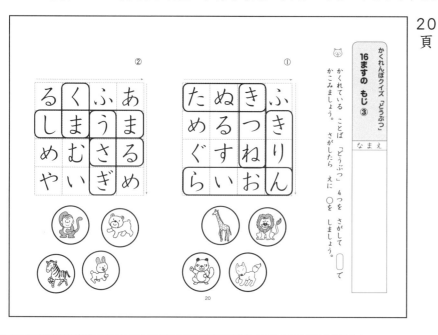

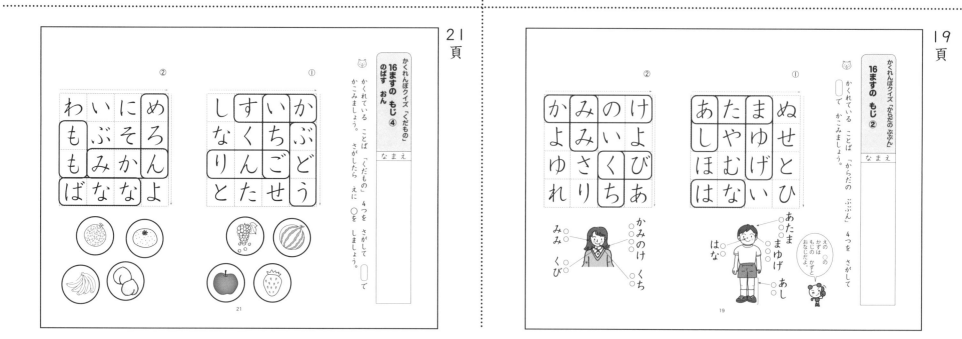

※この解答は１つの例です。児童の多様な考えに寄り添って○つけをして下さい。

22頁

かくれんぼクイズ「たべもの」
16ますの もじ ⑤
のばす おん

なまえ

かくれている ことば「たべもの」 4つを さがして ▢ で かこみましょう。
さがしたら えに ○を しましょう。

①

う	ど	ん	ね
ぬ	ら	え	す
せ	や	ひ	し
や	き	そ	ば

②

ゆ	せ	む	た
だ	ん	ご	こ
ば	べ	に	や
た	い	や	き

22

23頁

かくれんぼクイズ「むし」
16ますの もじ ⑥
ちいさく かく もじと のばす おん

なまえ

かくれている ことば「むし」 4つを さがして ▢ で かこみましょう。
さがしたら えに ○を しましょう。

①

て	あ	り	ほ
こ	お	ろ	ぎ
う	む	さ	は
や	し	ぬ	ち

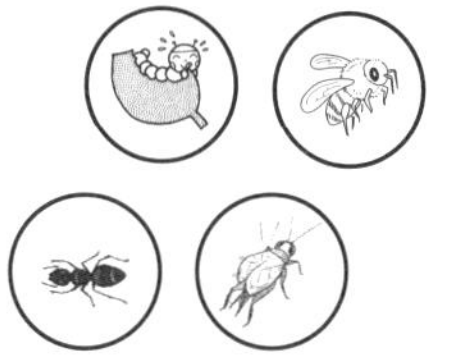

②

り	に	け	ほ
ゆ	ば	っ	た
へ	せ	み	る
と	ん	ぼ	え

23

24頁

かくれんぼクイズ「ぶんぼうぐ」
16ますの もじ ⑦
ちいさく かく もじと のばす おん

なまえ

かくれている ことば「ぶんぼうぐ」 4つを さがして ▢ で かこみましょう。
さがしたら えに ○を しましょう。

①

え	の	ぐ	け
ん	り	ひ	し
ぴ	た	み	ご
つ	あ	や	む

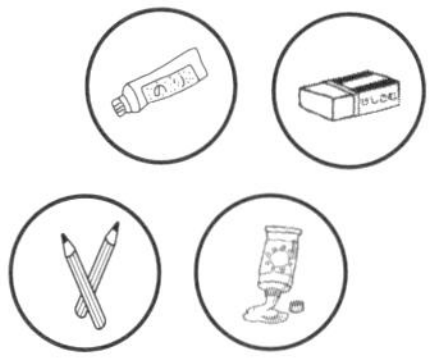

②

お	り	が	み
く	れ	よ	ん
じ	ょ	う	ぎ
た	ゆ	し	を

24

25頁

かくれんぼクイズ「とり」
16ますの もじ ⑧
ちいさく かく もじと のばす おん

なまえ

かくれている ことば「とり」 4つを さがして ▢ で かこみましょう。
さがしたら えに ○を しましょう。

①

に	わ	と	り
か	ら	す	た
く	ぬ	ず	お
つ	る	め	き

②

へ	は	と	ふ
く	じ	ゃ	く
み	り	あ	ろ
だ	ち	ょ	う

25

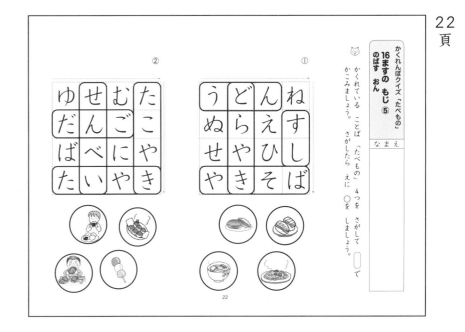

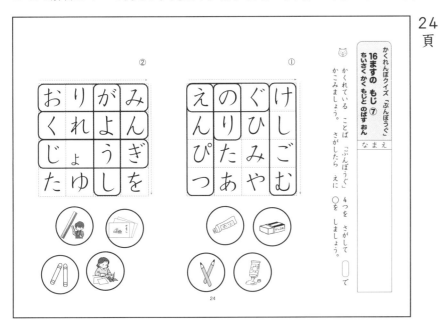

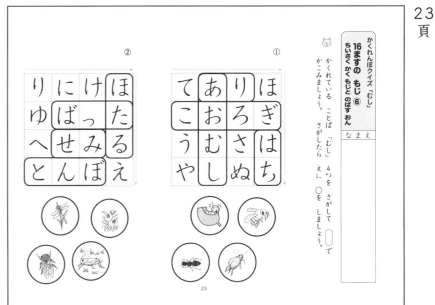

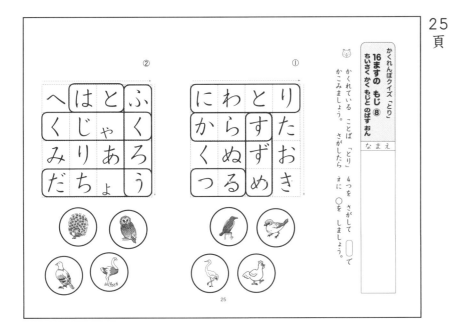

※ この解答は１つの例です。児童の多様な考えに寄り添って○つけをして下さい。

26頁

かくれんぼクイズ「のりもの」
49ますの もじ ①
ちいさく かく もじと のばす おん

なまえ

たて、よこ、ななめに、ことばが かくれて います。
かくれている「のりもの」8こを みつけて ▢で
かこみましょう。さがしたら えに ○を しましょう。

あ	た	ぱ	と	そ	え	せ
ぬ	で	と	ら	っ	く	ん
し	ん	か	ん	せ	ん	す
て	し	ー		に	な	い
ほ	ゃ	ひ	こ	う	き	か
ば	す	も	ふ	の	ね	ん
ま	へ	よ	ね	は	ち	お

26

27頁

かくれんぼクイズ「がっき」
49ますの もじ ②
ちいさく かく もじと のばす おん

なまえ

たて、よこ、ななめに、ことばが かくれて います。
かくれている「がっき」8こを みつけて ▢で
かこみましょう。さがしたら えに ○を しましょう。

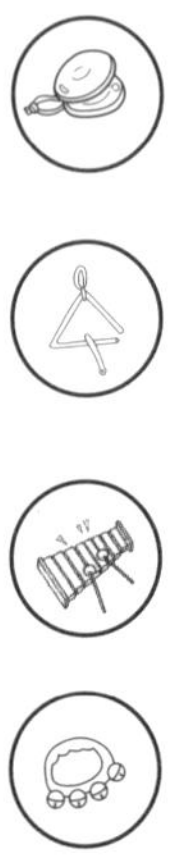

か	す	た	ね	っ	と	え
と	ら	い	あ	ん	ぐ	る
く	お	こ	も	っ	き	ん
ら	っ	ぱ		し	ぴ	と
ち	る	む	け	ひ	あ	の
つ	ぎ	た	ー	て	の	は
に	る	せ	す	ず	だ	い

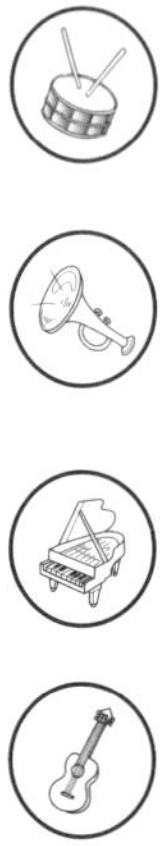

27

28頁

かくれんぼクイズ「くだもの」
49ますの もじ ③
ちいさく かく もじと のばす おん

なまえ

たて、よこ、ななめに、ことばが かくれて います。
かくれている「くだもの」8こを みつけて ▢で
かこみましょう。さがしたら えに ○を しましょう。

あ	さ	く	ら	ん	ぼ	り
す	ぱ	れ	わ	う	い	ん
せ	い	ち	ご	お	こ	ご
か	な	か		み	か	ん
け	っ	ぱ	う	ば	の	と
め	ぷ	ん	ろ	ね	な	れ
た	る	め	ぶ	ど	う	な

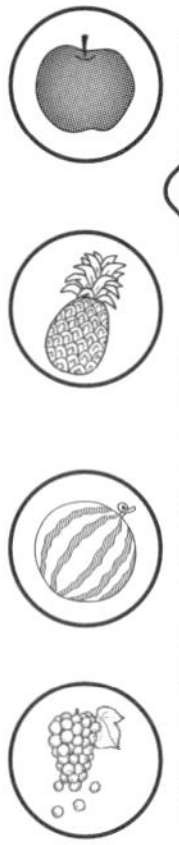

28

29頁

かくれんぼクイズ「たべもの」
49ますの もじ ④
ちいさく かく もじと のばす おん

なまえ

たて、よこ、ななめに、ことばが かくれて います。
かくれている「たべもの」8こを みつけて ▢で
かこみましょう。さがしたら えに ○を しましょう。

や	て	お	め	ひ	さ	こ
れ	ん	る	む	か	ん	ろ
ね	ぷ	め	ぬ	ら	ど	っ
さ	ら	だ		そ	い	け
て	へ	ま	ふ	う	っ	す
た	こ	や	き	め	ち	ひ
か	あ	き	や	ん	く	ろ

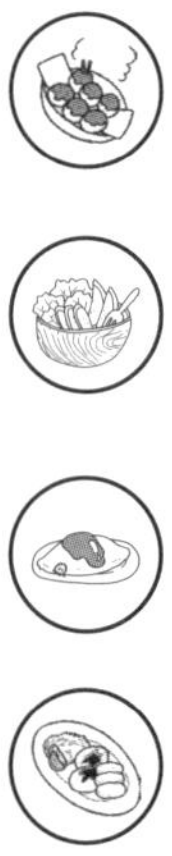

29

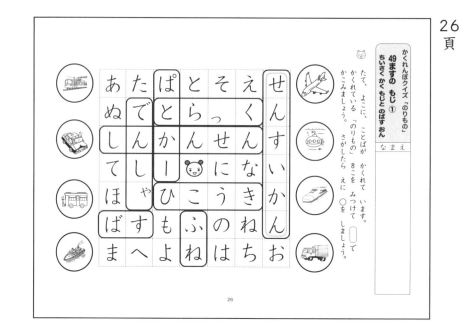

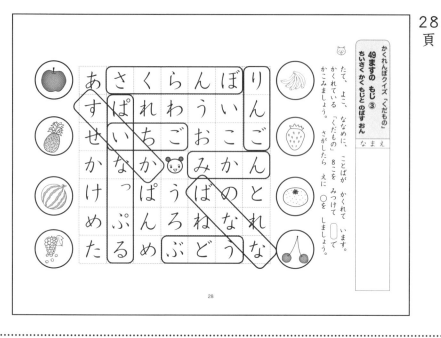

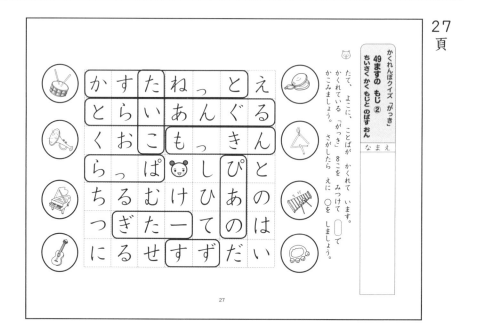

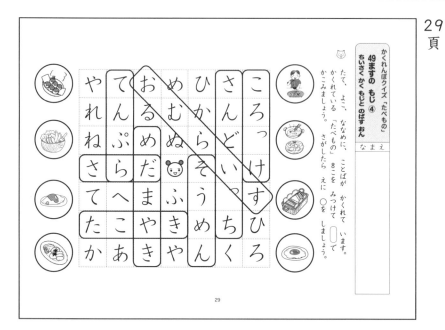

※ この解答は１つの例です。児童の多様な考えに寄り添って○つけをして下さい。

30 頁

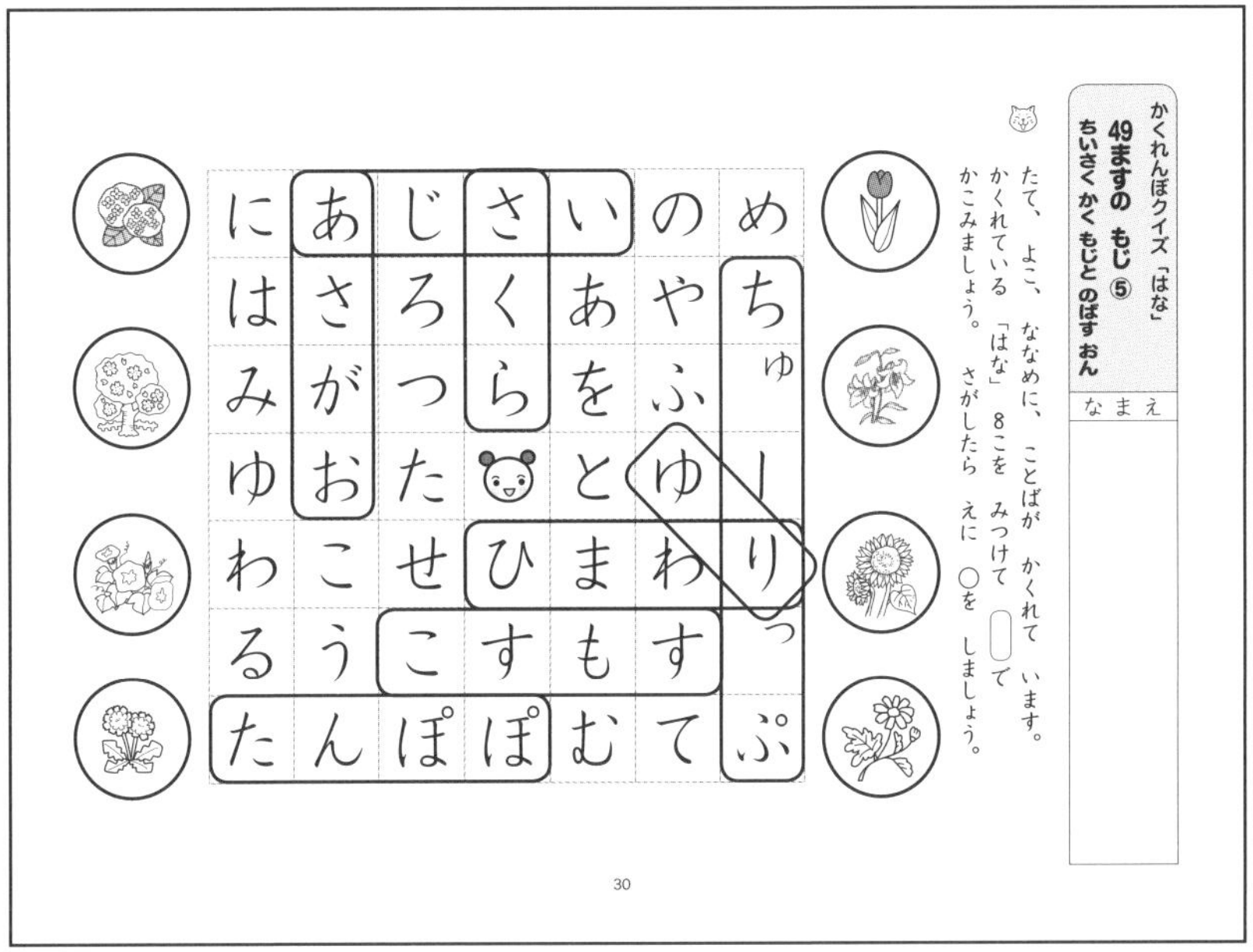

かくれんぼクイズ「はな」
49ますの もじ ⑤
ちいさく かく もじと のばす おん

なまえ

たて、よこ、ななめに、ことばが かくれて います。

かくれている「はな」8こを みつけて ○で かこみましょう。さがしたら えに ○を しましょう。

に	あ	じ	さ	い	の	め
は	さ	ろ	く	あ	や	ち
み	が	つ	ら	を	ふ	ゅ
ゆ	お	た		と	ゆ	ー
わ	こ	せ	ひ	ま	わ	り
る	う	こ	す	も	す	っ
た	ん	ぽ	ぽ	む	て	ぷ

30

31 頁

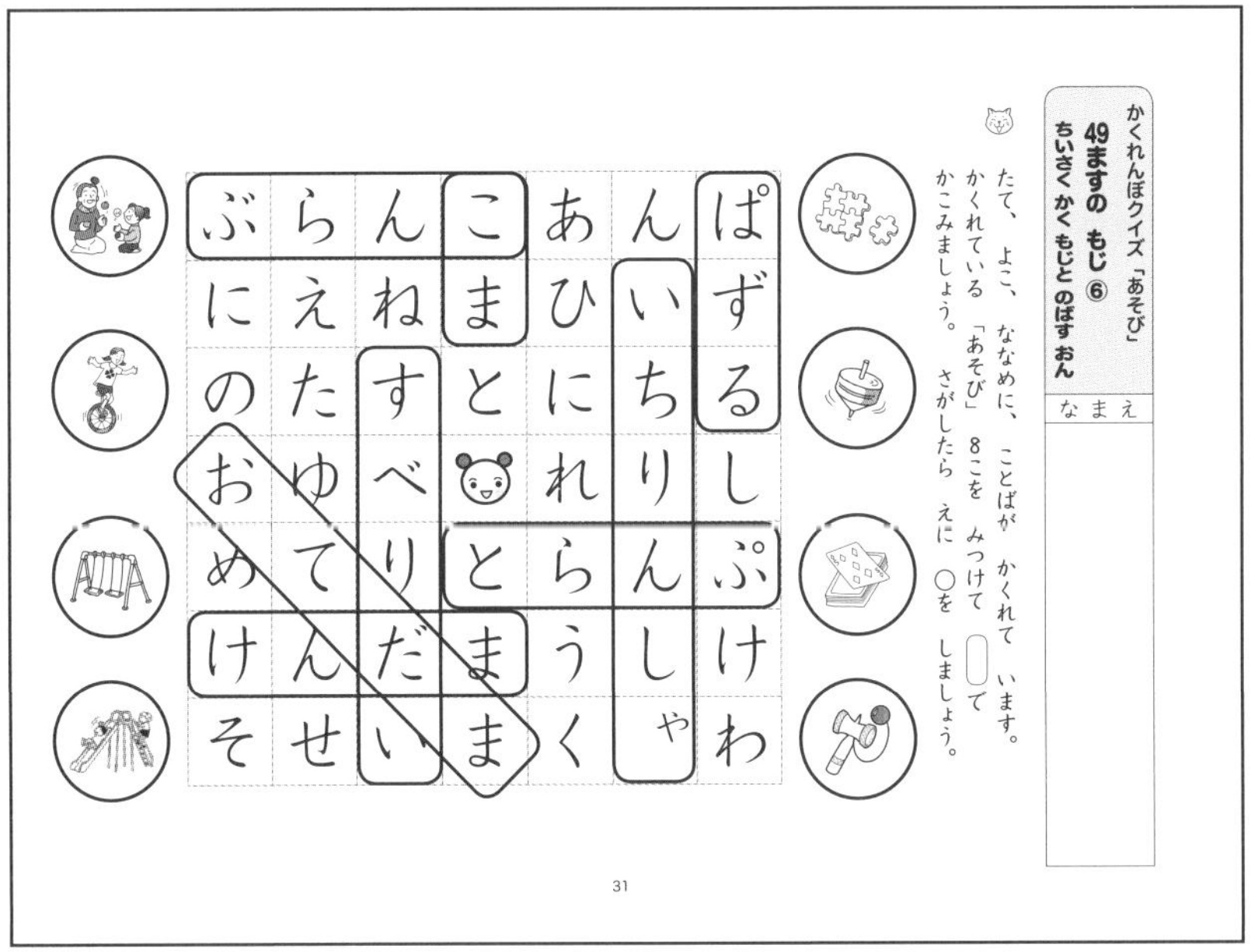

かくれんぼクイズ「あそび」
49ますの もじ ⑥
ちいさく かく もじと のばす おん

なまえ

たて、よこ、ななめに、ことばが かくれて います。

かくれている「あそび」8こを みつけて ○で かこみましょう。さがしたら えに ○を しましょう。

ぶ	ら	ん	こ	あ	ん	ぱ
に	え	ね	ま	ひ	い	ず
の	た	す	と	に	ち	る
お	ゆ	べ		れ	り	し
め	て	り	と	ら	ん	ぷ
け	ん	だ	ま	う	し	け
そ	せ	い	ま	く	ゃ	わ

31

32 頁

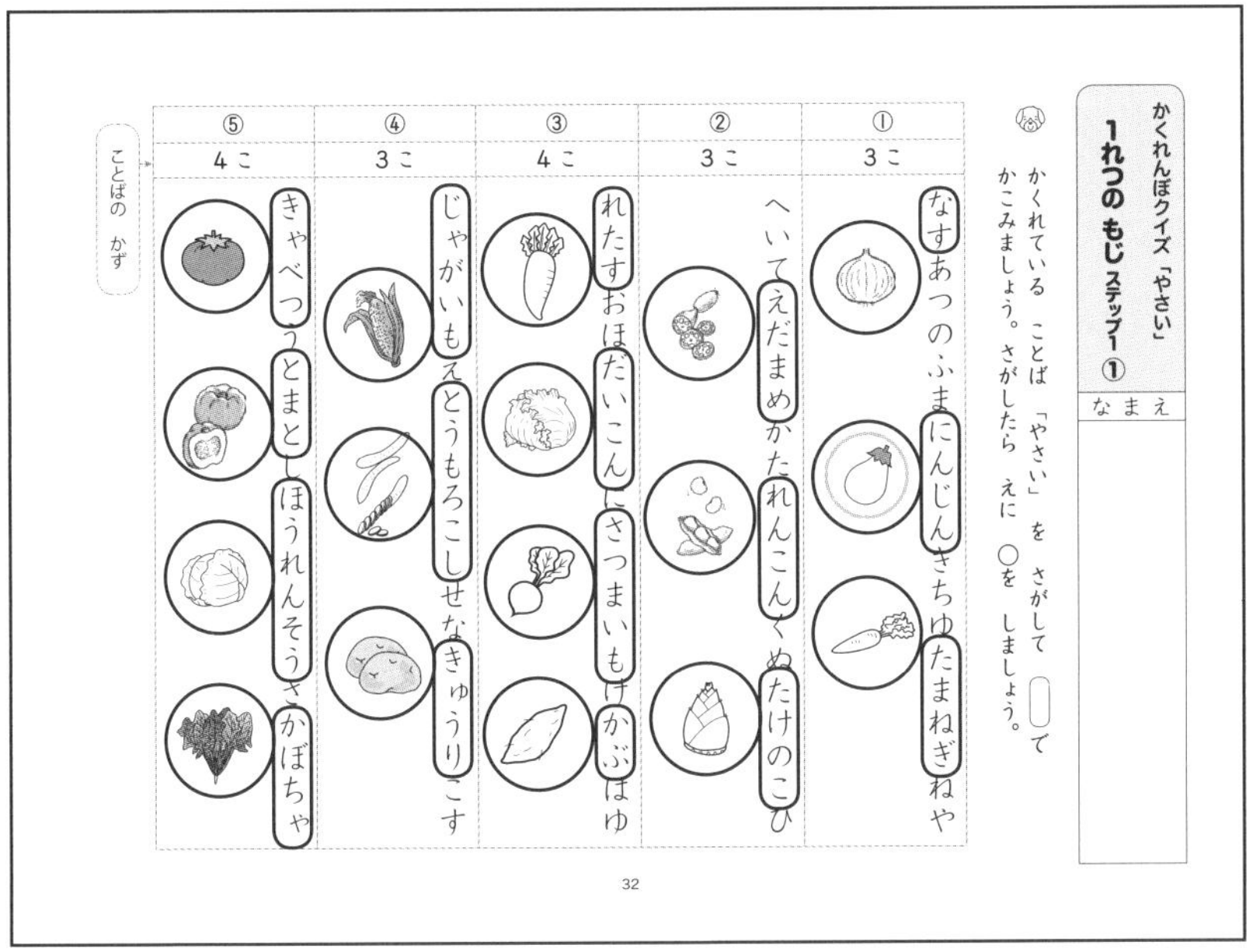

かくれんぼクイズ「やさい」
1れつの もじ ステップ1 ①

なまえ

かくれている ことば「やさい」を さがして ○で かこみましょう。さがしたら えに ○を しましょう。

	ことばの かず	
①	3こ	なすあつのふまにんじんきちゆたまねぎねや
②	3こ	へいてえだまめかたれんこんくめたけのこひ
③	4こ	れたすおほたいこんさつまいもけかぶはゆ
④	3こ	じゃがいもえとうもろこしせなきゅうりこす
⑤	4こ	きゃべつうとまとほうれんそうかぼちゃ

32

33 頁

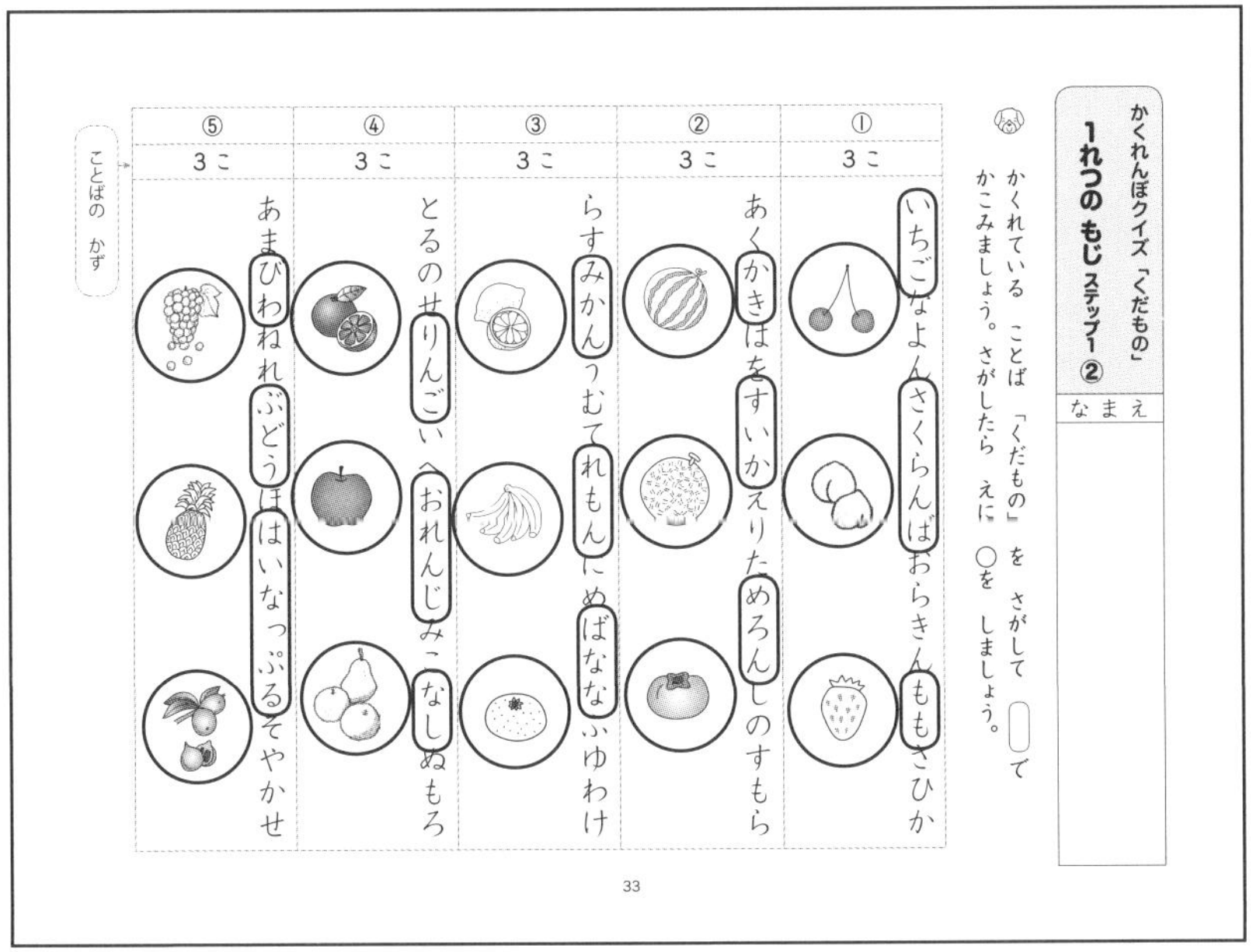

かくれんぼクイズ「くだもの」
1れつの もじ ステップ1 ②

なまえ

かくれている ことば「くだもの」を さがして ○で かこみましょう。さがしたら えに ○を しましょう。

	ことばの かず	
①	3こ	いちごなよんさくらんぼおらきんももさひか
②	3こ	あくかきはすいかえりためろんしのすもら
③	3こ	らすみかんうむてれもんにめばななふゆわけ
④	3こ	とるのせりんごいへおれんじみこなしぬもろ
⑤	3こ	あまびわれぶどうぱいなっぷるそやかせ

33

※ この解答は１つの例です。児童の多様な考えに寄り添って○つけをして下さい。

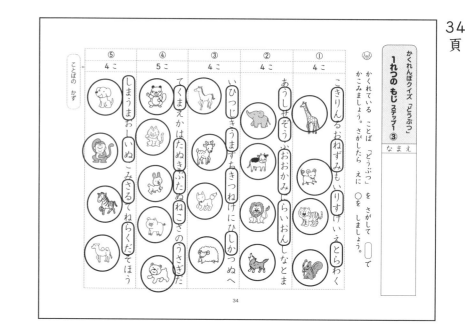

34頁

かくれんぼクイズ「どうぶつ」 1れつの もじ ステップ1 ③

なまえ

かくれている ことば「どうぶつ」を さがして ▢で かこみましょう。さがしたら えに ○を しましょう。

	ことばの かず	
①	4こ	こきりんるおねずみもいりすけいえとらわく
②	4こ	あうしせぞうふおおかみらいおんしなとま
③	4こ	いひつじきうますちきつねけにひしかつぬへ
④	5こ	てくまえかはたぬきぶたぬねこさのうさぎだ
⑤	4こ	しまうまおーいぬこみさるてねらくだそほう

34

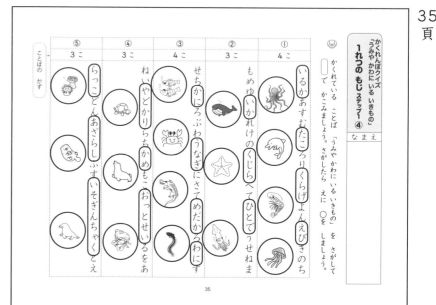

35頁

かくれんぼクイズ「うみや かわに いる いきもの」 1れつの もじ ステップ1 ④

なまえ

かくれている ことば「うみや かわに いる いきもの」を さがして ▢で かこみましょう。さがしたら えに ○を しましょう。

	ことばの かず	
①	4こ	いるかあすむたころりくらげよんえびきのち
②	3こ	もめゆいかれけのくじらへてひとでつせねま
③	4こ	せちかにろぶわうなぎにさてめだかろわにす
④	3こ	ねいやどかりらちかめもこおっとせいるをあ
⑤	3こ	らっこどんあざらしふすいそぎんちゃくとえ

35

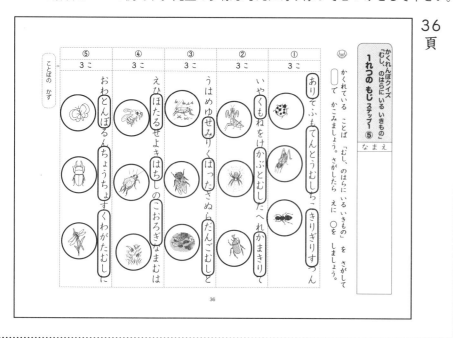

36頁

かくれんぼクイズ「むし、のはらに いる いきもの」 1れつの もじ ステップ1 ⑤

なまえ

かくれている ことば「むし、のはらに いる いきもの」を さがして ▢で かこみましょう。さがしたら えに ○を しましょう。

	ことばの かず	
①	3こ	ありそふもてんとうむしちこきりぎりすつん
②	3こ	いやくもねをけかぶとむしたへれかまきりて
③	3こ	うはめゆせみりくばったさぬらだんごむしと
④	3こ	えひほたるせよきはちしのこおろぎなまむは
⑤	3こ	おわとんぼるんちょうちょすくわがたむしに

36

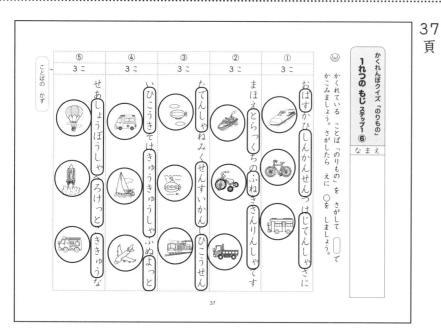

37頁

かくれんぼクイズ「のりもの」 1れつの もじ ステップ1 ⑥

なまえ

かくれている ことば「のりもの」を さがして ▢で かこみましょう。さがしたら えに ○を しましょう。

	ことばの かず	
①	3こ	おばすかひしんかんせんつはじてんしゃさに
②	3こ	まほえとらっくちのふねきさんりんしゃてす
③	3こ	たでんしゃねみくせんすいかんしひこうせん
④	3こ	いひこうきそけきゅうきゅうしゃふぬよっと
⑤	3こ	せあしょうぼうしゃへろけっとききゅうな

37

※この解答は１つの例です。児童の多様な考えに寄り添って〇つけをして下さい。

38頁

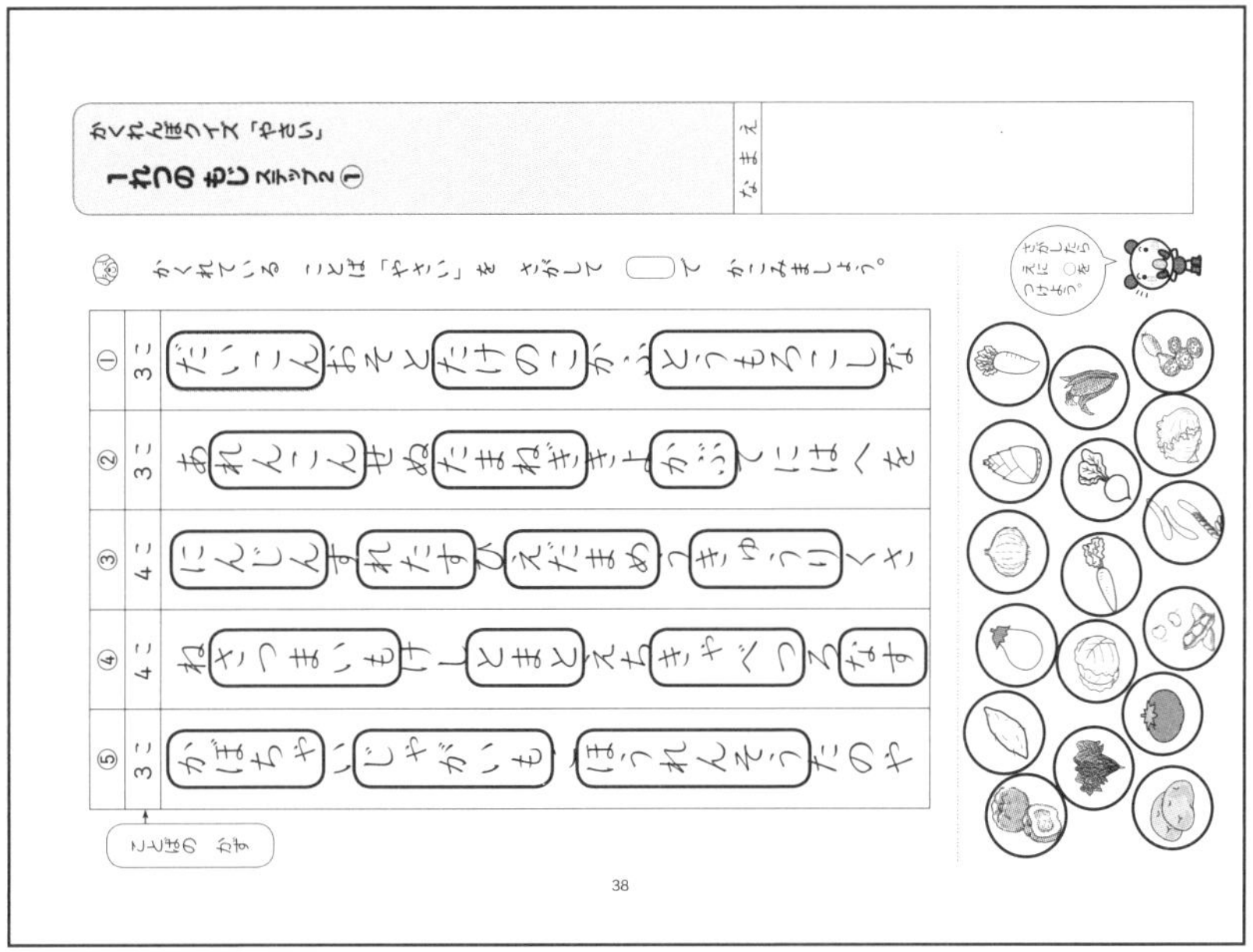

39頁

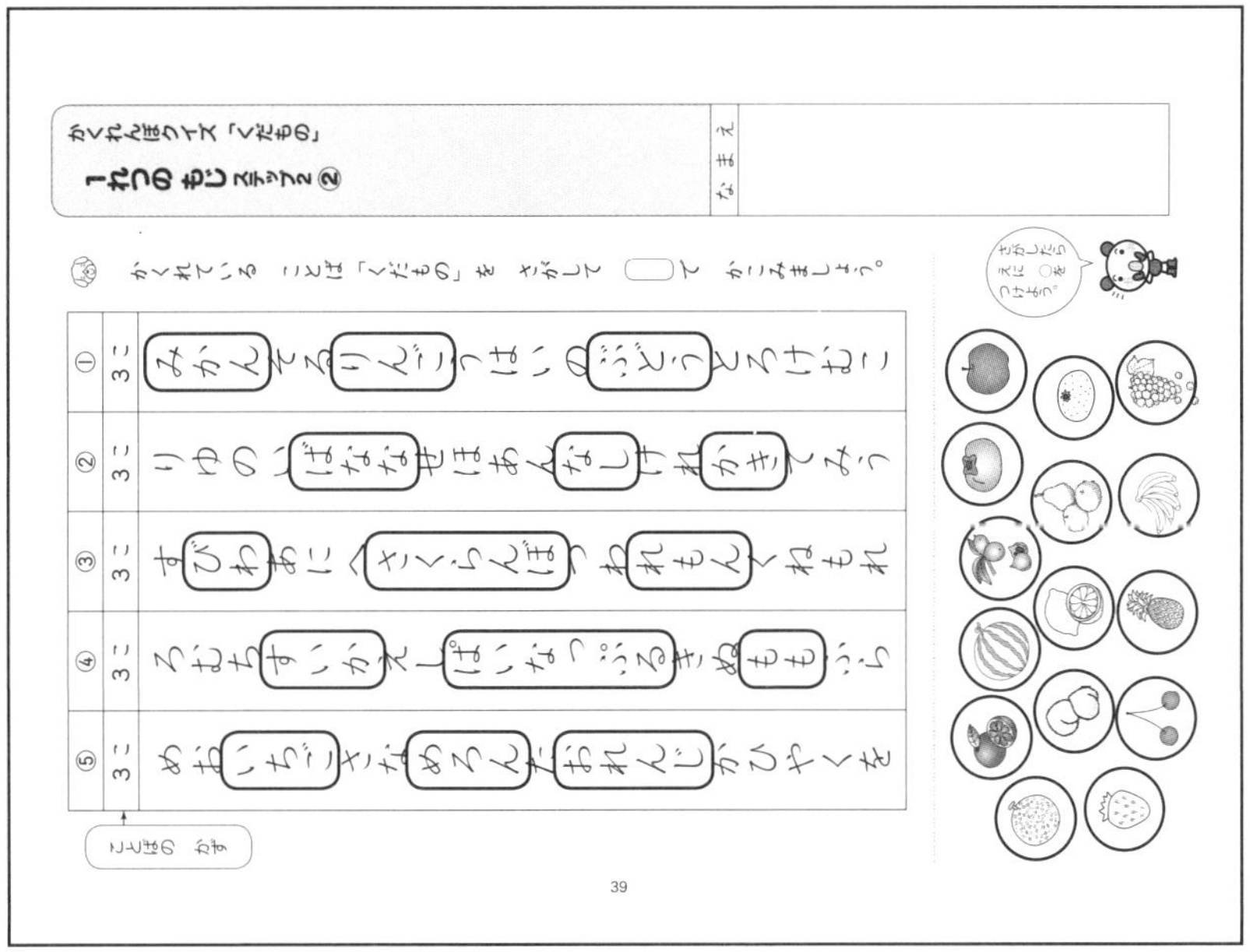

40頁

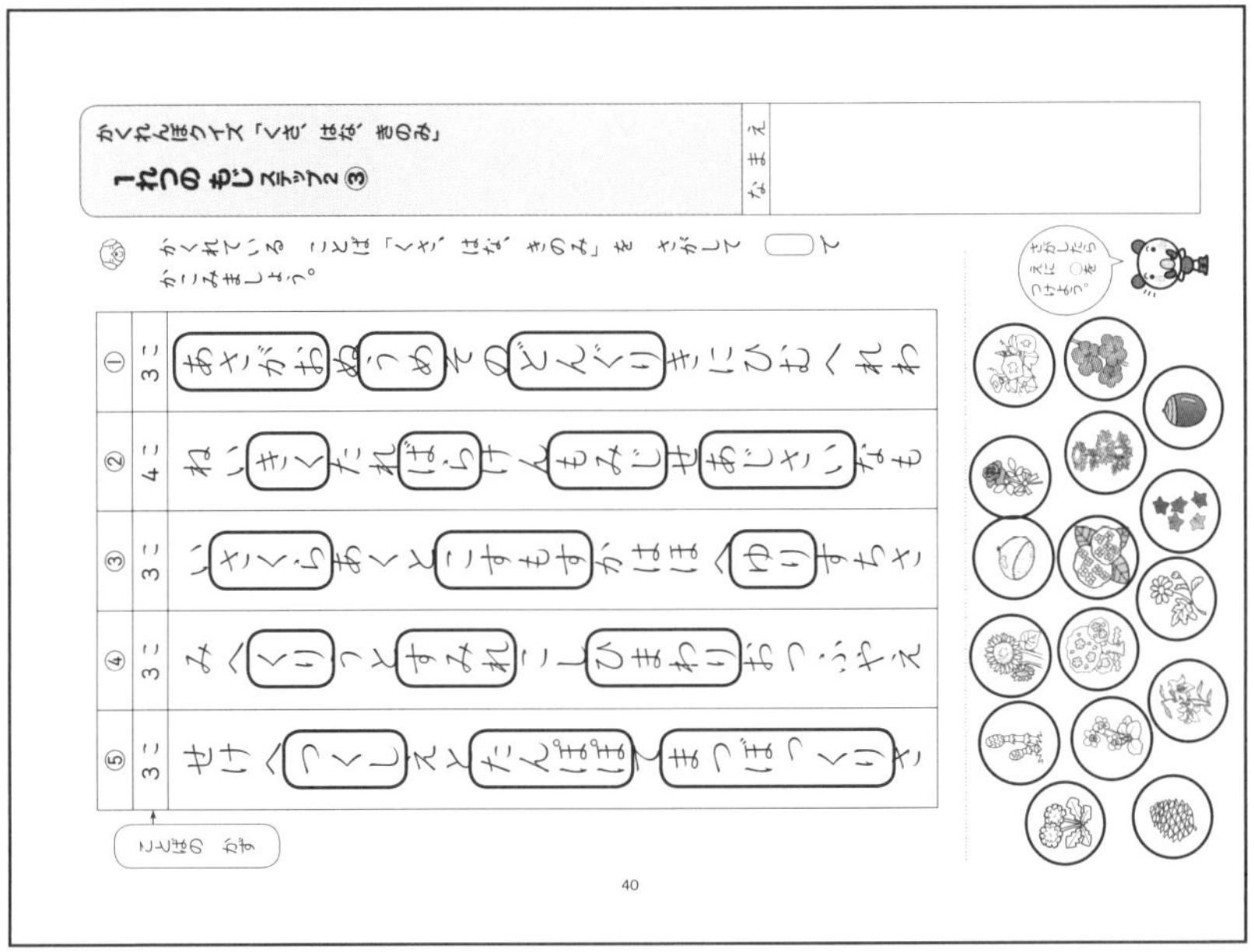

41頁

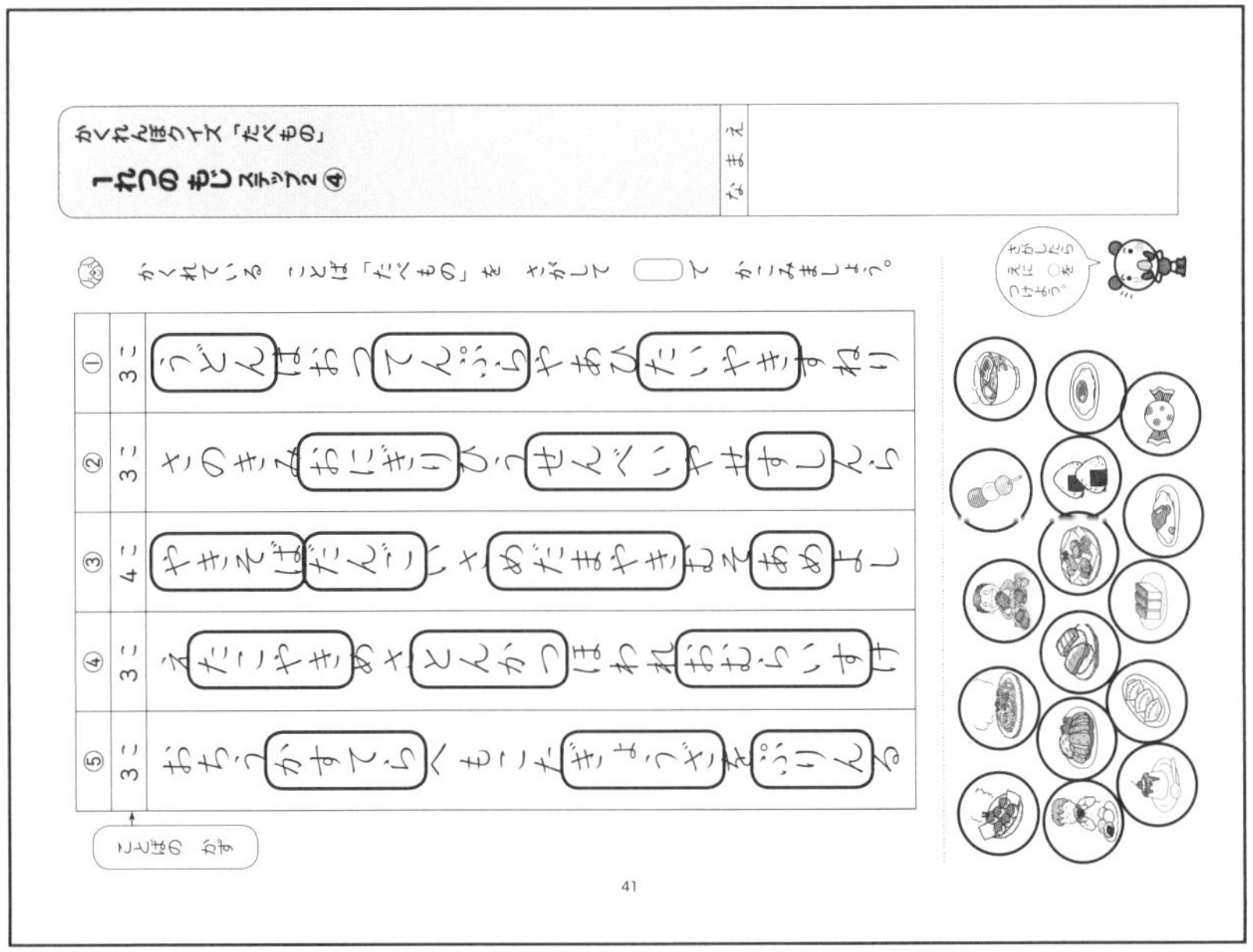

※ この解答は１つの例です。児童の多様な考えに寄り添って○つけをして下さい。

解答例

42頁

かくれんぼクイズ「ぶんぼうぐ、がっこうに あるもの」

1れつの もじ ステップ2 ⑤

なまえ

かくれている ことば「ぶんぼうぐ、がっこうに あるもの」を さがして ◯で かこみましょう。

さがしたら えに ○を つけよう。

	ことばの かず	
①	3こ	（つくえ）おや（じかんわり）がぶか（ふでばこ）よあの
②	3こ	いて（くれよん）きをそ（えんぴつ）ぺまお（こくばん）
③	3こ	あい（たいいくかん）くめゆ（とけい）にほ（とびばこ）
④	3こ	すせ（いす）つぬみもつ（けしごむ）お（じょうぎ）やわ
⑤	3こ	ちせ（としょしつ）くけと（えほん）ね（らんどせる）は

42

43頁

かくれんぼクイズ「あそぶもの、こうえんに あるもの」

1れつの もじ ステップ2 ⑥

なまえ

かくれている ことば「あそぶもの、こうえんに あるもの」を さがして ◯で かこみましょう。

さがしたら えに ○を つけよう。

	ことばの かず	
①	3こ	（ぶらんこ）かる（なわとび）きだの（とらんぷ）えこつ
②	3こ	かひ（すべりだい）おてねん（たけうま）し（あやとり）
③	3こ	ち（けんだま）はき（いちりんしゃ）あや（かるた）すめ
④	3こ	そけ（おりがみ）つと（しゃぼんだま）ぶ（うんてい）り
⑤	3こ	な（じゃんぐるじむ）くせ（こま）にい（おてだま）くろ

43

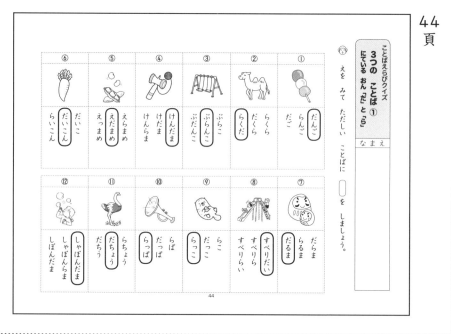

44頁

ことばえらびクイズ

3つの ことば にている おん「だ」と「ら」①

なまえ

えを みて ただしい ことばに ◯を しましょう。

①	②	③	④	⑤	⑥
（だんご）	らくら	ぶらこ	（けんだま）	えらまめ	だいこ
らんご	だくら	（ぶらんこ）	けだま	（えだまめ）	（だいこん）
だご	（らくだ）	ぶだんこ	けんらま	えっまめ	らいこん

⑦	⑧	⑨	⑩	⑪	⑫
だらま	（すべりだい）	らこ	らば	らちょう	（しゃぼんだま）
らるま	すべりら	だっこ	だっぱ	（だちょう）	しゃぼんらま
（だるま）	すべりらい	（らっこ）	（らっぱ）	だちう	しぼんだま

44

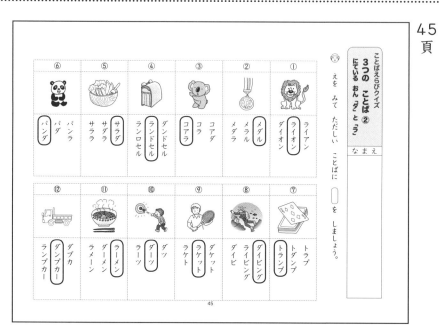

45頁

ことばえらびクイズ

3つの ことば にている おん「ダ」と「ラ」②

なまえ

えを みて ただしい ことばに ◯を しましょう。

①	②	③	④	⑤	⑥
ライアン	（メダル）	コアダ	ダンドセル	（サラダ）	パンラ
（ライオン）	メラル	コラ	（ランドセル）	サダラ	パダ
ダイオン	メダラ	（コアラ）	ランロセル	サララ	（パンダ）

⑦	⑧	⑨	⑩	⑪	⑫
トラプ	（ダイビング）	ダケット	ダツ	（ラーメン）	ダプカ
トダンプ	ライビング	（ラケット）	（ダーツ）	ダーメン	（ダンプカー）
（トランプ）	ダイビ	ラケト	ラーツ	ラメーン	ランプカー

45

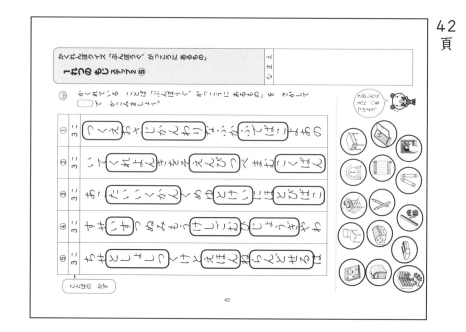

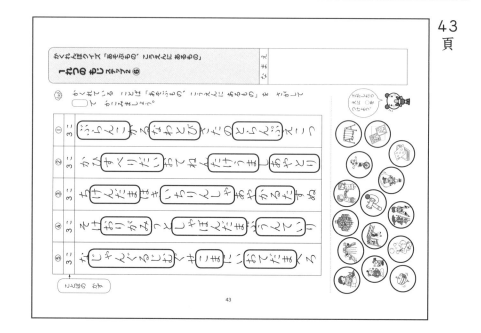

解答例

※この解答は１つの例です。児童の多様な考えに寄り添って○つけをして下さい。

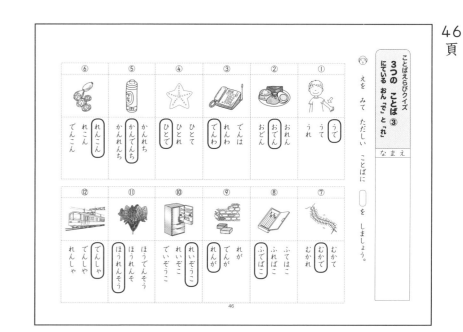

46頁

ことばえらびクイズ
3つの　ことば ③
にている　おん「で」と「れ」

なまえ

えを　みて　ただしい　ことばに　（　）を　しましょう。

- ① **うで**　うて　うれ
- ② おれん　**おでん**　おどん
- ③ でんは　れんわ　**でんわ**
- ④ ひとて　ひとれ　**ひとで**
- ⑤ かんれち　**かんでんち**　かんれんち
- ⑥ **れんこん**　れこん　でんこん
- ⑦ むかて　**むかで**　むかれ
- ⑧ ふてはこ　ふればこ　**ふでばこ**
- ⑨ れが　でんが　**れんが**
- ⑩ **れいぞうこ**　れいぞこ　でいぞうこ
- ⑪ ほうでんそう　ほうれんそ　**ほうれんそう**
- ⑫ **でんしゃ**　てんしや　れんしゃ

47頁

ことばえらびクイズ
3つの　ことば ④
にている　おん「デ」と「レ」

なまえ

えを　みて　ただしい　ことばに　（　）を　しましょう。

- ① レタソ　デタス　**レタス**
- ② モレル　**モデル**　モデラ
- ③ デモン　**レモン**　レモ
- ④ クデヨン　クレヨ　**クレヨン**
- ⑤ **レストラン**　レストラソ　デストラン
- ⑥ **シンデレラ**　シデレラ　シンレレラ
- ⑦ プラモレル　**プラモデル**　プダモレル
- ⑧ **プレゼント**　プレゼット　プデゼント
- ⑨ デバート　**デパート**　レパート
- ⑩ カデンダー　カレンダ　**カレンダー**
- ⑪ バデーボール　**バレーボール**　バレボール
- ⑫ キャンディ　**キャンディ**　キャンレィ

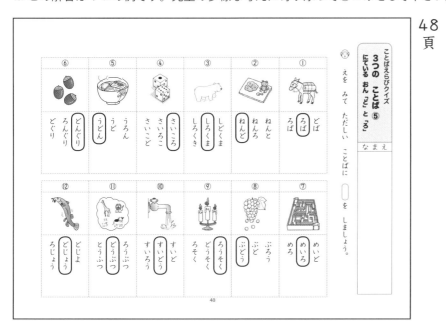

48頁

ことばえらびクイズ
3つの　ことば ⑤
にている　おん「ど」と「ろ」

なまえ

えを　みて　ただしい　ことばに　（　）を　しましょう。

- ① どば　**ろば**　ろぱ
- ② ねんと　ねんろ　**ねんど**
- ③ しどくま　**しろくま**　しろくき
- ④ **さいころ**　さいろこ　さいこど
- ⑤ うろん　うど　**うどん**
- ⑥ **どんぐり**　ろんぐり　どぐり
- ⑦ めいど　**めいろ**　めろ
- ⑧ ぶろう　ぶど　**ぶどう**
- ⑨ **ろうそく**　どうそく　ろそく
- ⑩ すいど　**すいどう**　すいろう
- ⑪ ろうぶつ　**どうぶつ**　とうふつ
- ⑫ どじよ　**どじょう**　ろじょう

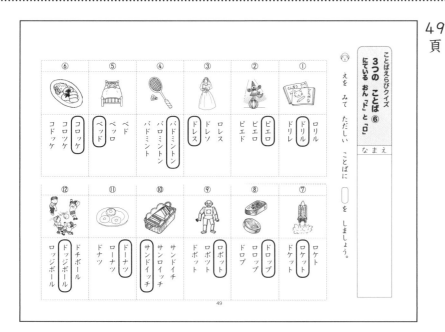

49頁

ことばえらびクイズ
3つの　ことば ⑥
にている　おん「ド」と「ロ」

なまえ

えを　みて　ただしい　ことばに　（　）を　しましょう。

- ① ロリル　**ドリル**　ドリレ
- ② **ピエロ**　ビエロ　ピエド
- ③ ロレス　ドレソ　**ドレス**
- ④ **バドミントン**　バロミントン　バドミント
- ⑤ ベド　ベッロ　**ベッド**
- ⑥ **コロッケ**　コロツケ　コドッケ
- ⑦ ロケト　**ロケット**　ドケット
- ⑧ **ドロップ**　ロロップ　ドロプ
- ⑨ **ロボット**　ロボツト　ドボット
- ⑩ サンドイチ　サンロイッチ　**サンドイッチ**
- ⑪ **ドーナツ**　ローナツ　ドナツ
- ⑫ ドチボール　**ドッジボール**　ロッジボール

※ この解答は１つの例です。児童の多様な考えに寄り添って○つけをして下さい。

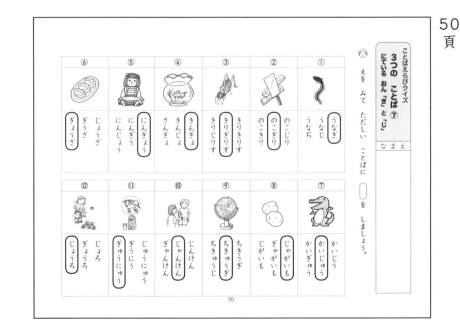

50頁

ことばえらびクイズ
3つの ことば ⑦
にている おん「ぎ」と「じ」

なまえ

えを みて ただしい ことばに ◯を しましょう。

① うなぎ（**うなぎ**）／うなじ／うなぢ
② のこじり／**のこぎり**／のこきり
③ きりきりす／**きりぎりす**／きりじりす
④ **きんぎょ**／きんじょ／さんぎょ
⑤ **にんぎょう**／にんぎう／にんじょう
⑥ じょうざ／ぎうざ／**ぎょうざ**
⑦ かいじう／**かいじゅう**／かいぎゅう
⑧ **じゃがいも**／ぎゃがいも／じがいも
⑨ ちきうぎ／**ちきゅうぎ**／ちきゅうじ
⑩ じんけん／**じゃんけん**／ぎゃんけん
⑪ じゅうにゅう／ぎうにう／**ぎゅうにゅう**
⑫ じょろ／ぎょうろ／**じょうろ**

50

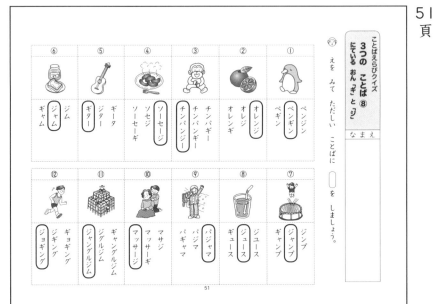

51頁

ことばえらびクイズ
3つの ことば ⑧
にている おん「ギ」と「ジ」

なまえ

えを みて ただしい ことばに ◯を しましょう。

① ペンジン／**ペンギン**／ペギン
② **オレンジ**／オレジ／オレンギ
③ チンパギー／チンパンギー／**チンパンジー**
④ **ソーセージ**／ソセジ／ソーセーギ
⑤ ギータ／ジター／**ギター**
⑥ ジム／**ジャム**／ギャム
⑦ ジンプ／**ジャンプ**／ギャンプ
⑧ ジュース／**ジュース**／ギュース
⑨ **パジャマ**／パジマ／パギャマ
⑩ マサジ／マッサーギ／**マッサージ**
⑪ ギャングルジム／ジグルジム／**ジャングルジム**
⑫ ギョギング／ジギング／**ジョギング**

51

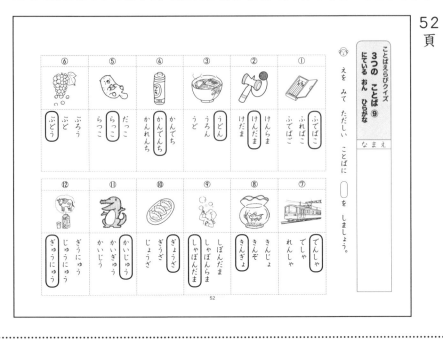

52頁

ことばえらびクイズ
3つの ことば ⑨
にている おん ひらがな

なまえ

えを みて ただしい ことばに ◯を しましょう。

① **ふでばこ**／ふればこ／ふてばご
② けんらま／**けんだま**／けだま
③ **うどん**／うろん／うど
④ かんでち／**かんでんち**／かんれんち
⑤ だっこ／**らっこ**／らつこ
⑥ ぶろう／ぶど／**ぶどう**
⑦ **でんしゃ**／てしゃ／れんしゃ
⑧ きんじょ／きんぞ／**きんぎょ**
⑨ しぼんだま／しゃぼんらま／**しゃぼんだま**
⑩ **ぎょうざ**／ぎうざ／じょうざ
⑪ **かいじゅう**／かいぎゅう／かいじう
⑫ ぎうにゅう／じゅうにゅう／**ぎゅうにゅう**

52

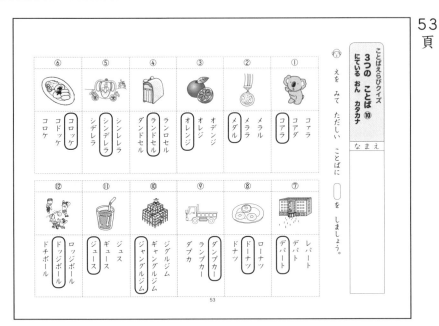

53頁

ことばえらびクイズ
3つの ことば ⑩
にている おん カタカナ

なまえ

えを みて ただしい ことばに ◯を しましょう。

① コァラ／コアダ／**コアラ**
② メラル／メララ／**メダル**
③ オデンジ／オレジ／**オレンジ**
④ ランロセル／**ランドセル**／ダンドセル
⑤ シンレレラ／**シンデレラ**／シデレラ
⑥ **コロッケ**／コドッケ／コロケ
⑦ レパート／デパト／**デパート**
⑧ ローナツ／**ドーナツ**／ドナツ
⑨ **ダンプカー**／ランプカー／ダプカ
⑩ ジグルジム／ギャングルジム／**ジャングルジム**
⑪ ジュス／ギュース／**ジュース**
⑫ ロッジボール／**ドッジボール**／ドチボール

53

解答例

※この解答は１つの例です。児童の多様な考えに寄り添って○つけをして下さい。

54頁

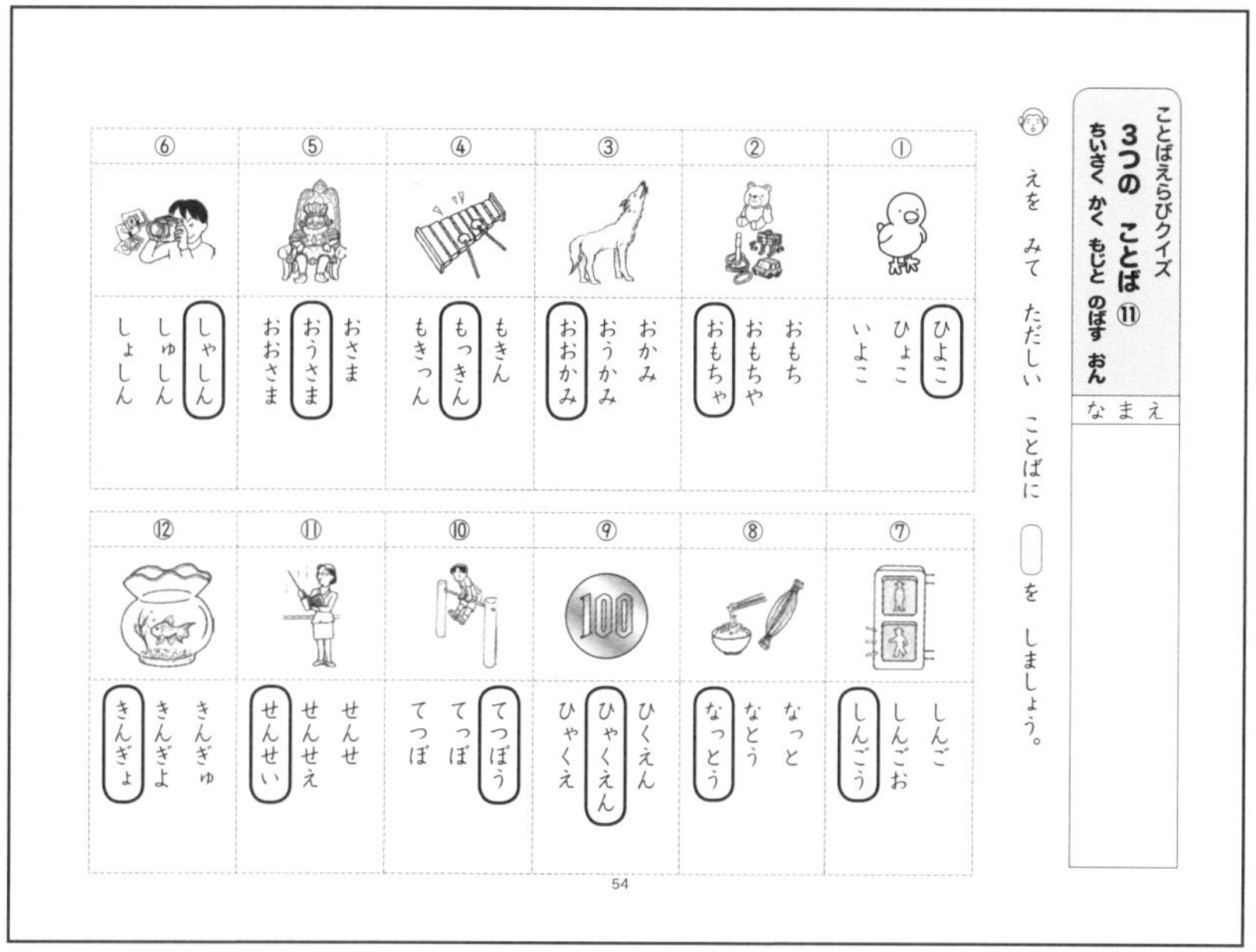

ことばえらびクイズ
3つの ことば ⑪
ちいさく かく もじと のばす おん

なまえ

えを みて ただしい ことばに ○ を しましょう。

① **ひよこ** ひょこ いよこ
② おもち おもちや **おもちゃ**
③ おかみ おうかみ **おおかみ**
④ もきん **もっきん** もきっん
⑤ おさま **おうさま** おおさま
⑥ **しゃしん** しゅしん しょしん
⑦ しんご しんごお **しんごう**
⑧ なっと なとう **なっとう**
⑨ ひくえん **ひゃくえん** ひやくえ
⑩ **てつぼう** てっぽ てつぼ
⑪ せんせ せんせえ **せんせい**
⑫ きんぎゅ きんぎよ **きんぎょ**

54

55頁

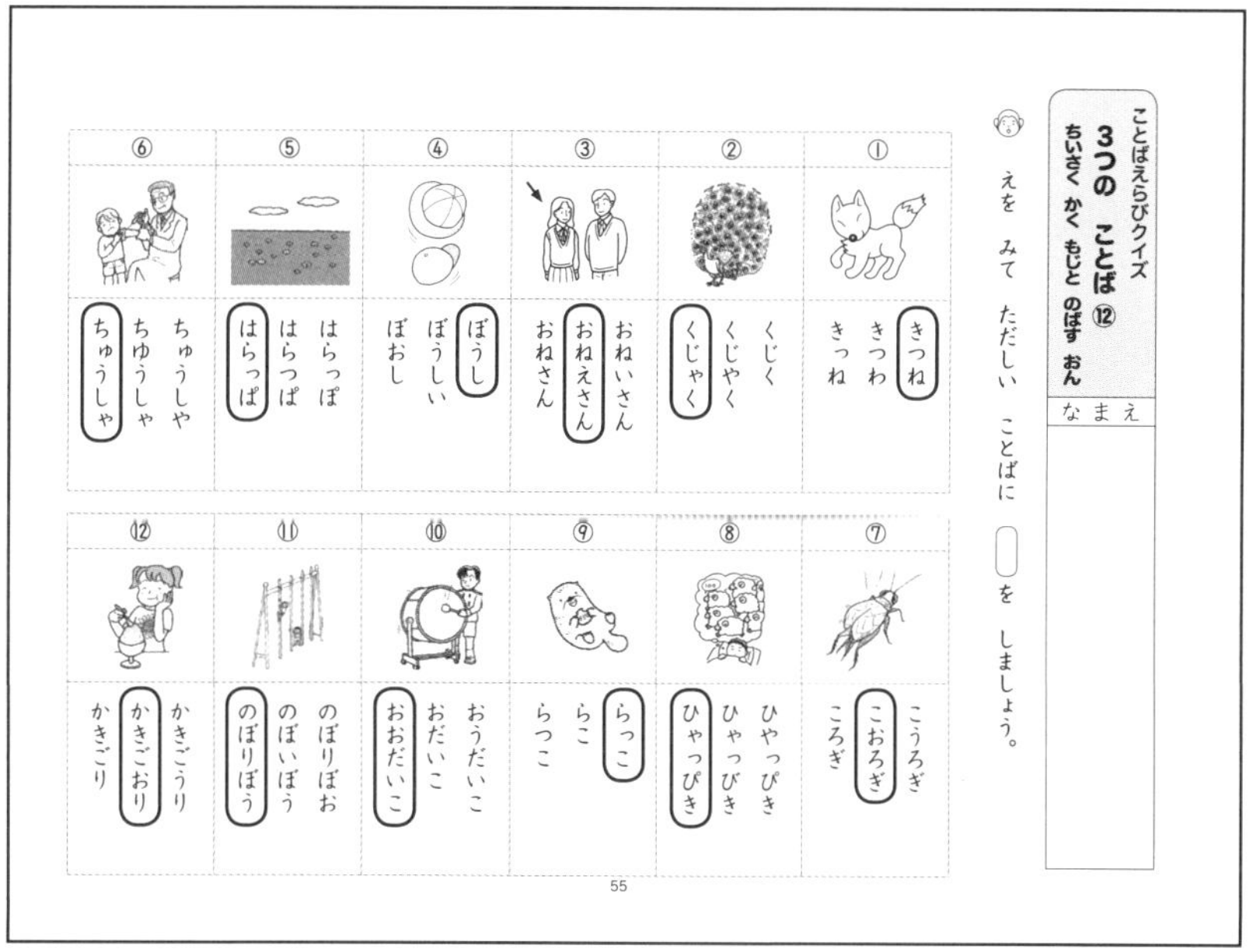

ことばえらびクイズ
3つの ことば ⑫
ちいさく かく もじと のばす おん

なまえ

えを みて ただしい ことばに ○ を しましょう。

① **きつね** きつわ きっね
② くじく くじやく **くじゃく**
③ おねいさん **おねえさん** おねさん
④ **ぼうし** ぼうしい ぼおし
⑤ はらっぽ はらつぱ **はらっぱ**
⑥ ちゅうしや ちゆうしゃ **ちゅうしゃ**
⑦ こうろぎ **こおろぎ** ころぎ
⑧ ひやっぴき ひゃっびき **ひゃっぴき**
⑨ **らっこ** らこ らつこ
⑩ おうだいこ おだいこ **おおだいこ**
⑪ のぼりぼお のぼいぼう **のぼりぼう**
⑫ かきごうり **かきごおり** かきごり

55

56頁

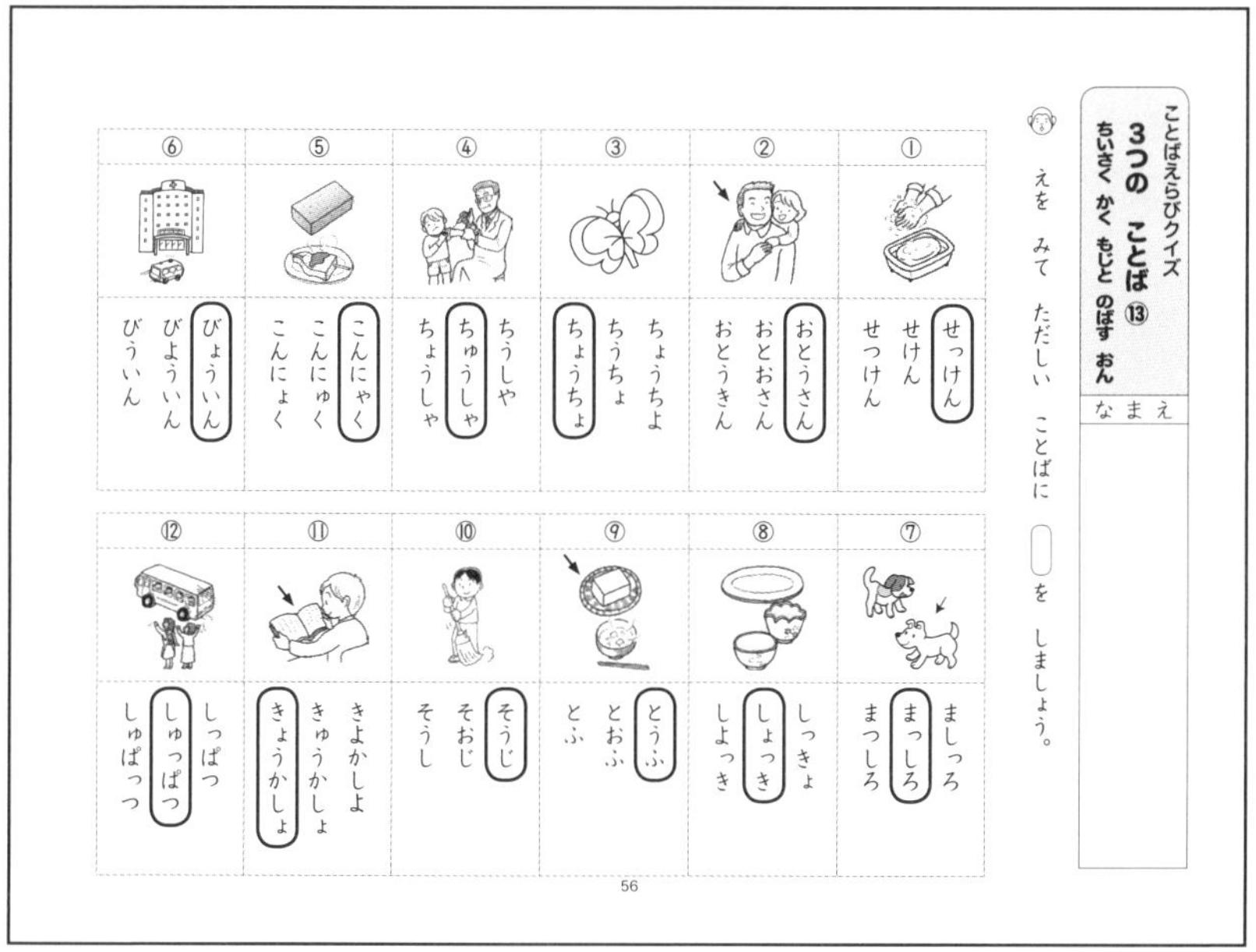

ことばえらびクイズ
3つの ことば ⑬
ちいさく かく もじと のばす おん

なまえ

えを みて ただしい ことばに ○ を しましょう。

① **せっけん** せけん せつけん
② **おとうさん** おとおさん おとうきん
③ ちょうちよ ちうちょ **ちょうちょ**
④ ちうしや **ちゅうしゃ** ちょうしゃ
⑤ **こんにゃく** こんにゅく こんにょく
⑥ **びょういん** びよういん びういん
⑦ ましっろ **まっしろ** まつしろ
⑧ しっきょ **しょっき** しよっき
⑨ **とうふ** とおふ とふ
⑩ **そうじ** そおじ そうし
⑪ きよかしよ きゅうかしょ **きょうかしょ**
⑫ しっぱつ **しゅっぱつ** しゅぱっつ

56

57頁

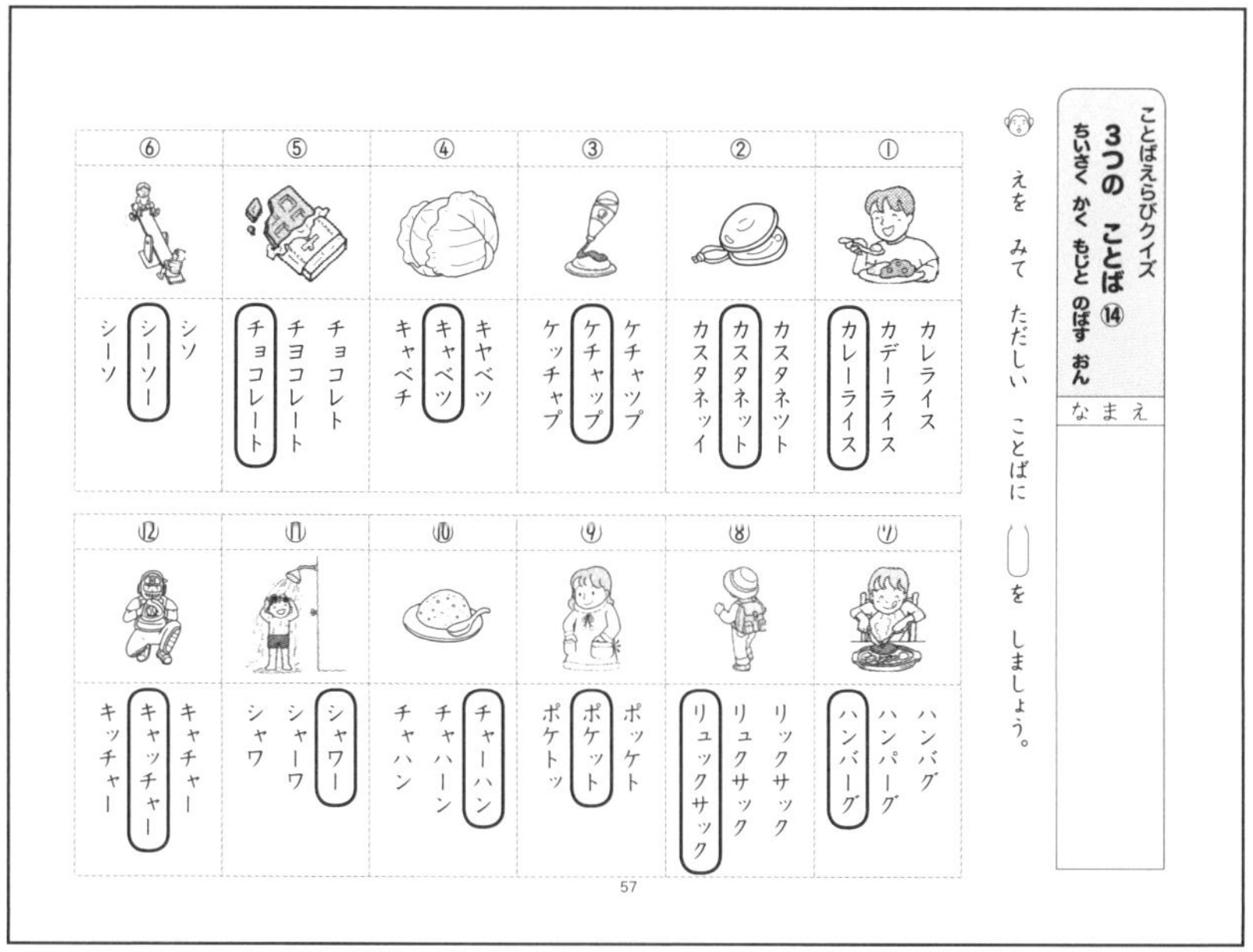

ことばえらびクイズ
3つの ことば ⑭
ちいさく かく もじと のばす おん

なまえ

えを みて ただしい ことばに ○ を しましょう。

① カレライス カデーライス **カレーライス**
② カスタネツト **カスタネット** カスタネッイ
③ ケチャツプ **ケチャップ** ケッチャプ
④ キヤベツ **キャベツ** キャベチ
⑤ チョコレト チヨコレート **チョコレート**
⑥ シソ **シーソー** シーソ
⑦ ハンバグ ハンパーグ **ハンバーグ**
⑧ リックサック リュクサック **リュックサック**
⑨ ポッケト **ポケット** ポケトッ
⑩ **チャーハン** チャハーン チャハン
⑪ **シャワー** シャーワ シャワ
⑫ キャチャー **キャッチャー** キッチャー

57

解答例

※この解答は１つの例です。児童の多様な考えに寄り添って〇つけをして下さい。

58頁

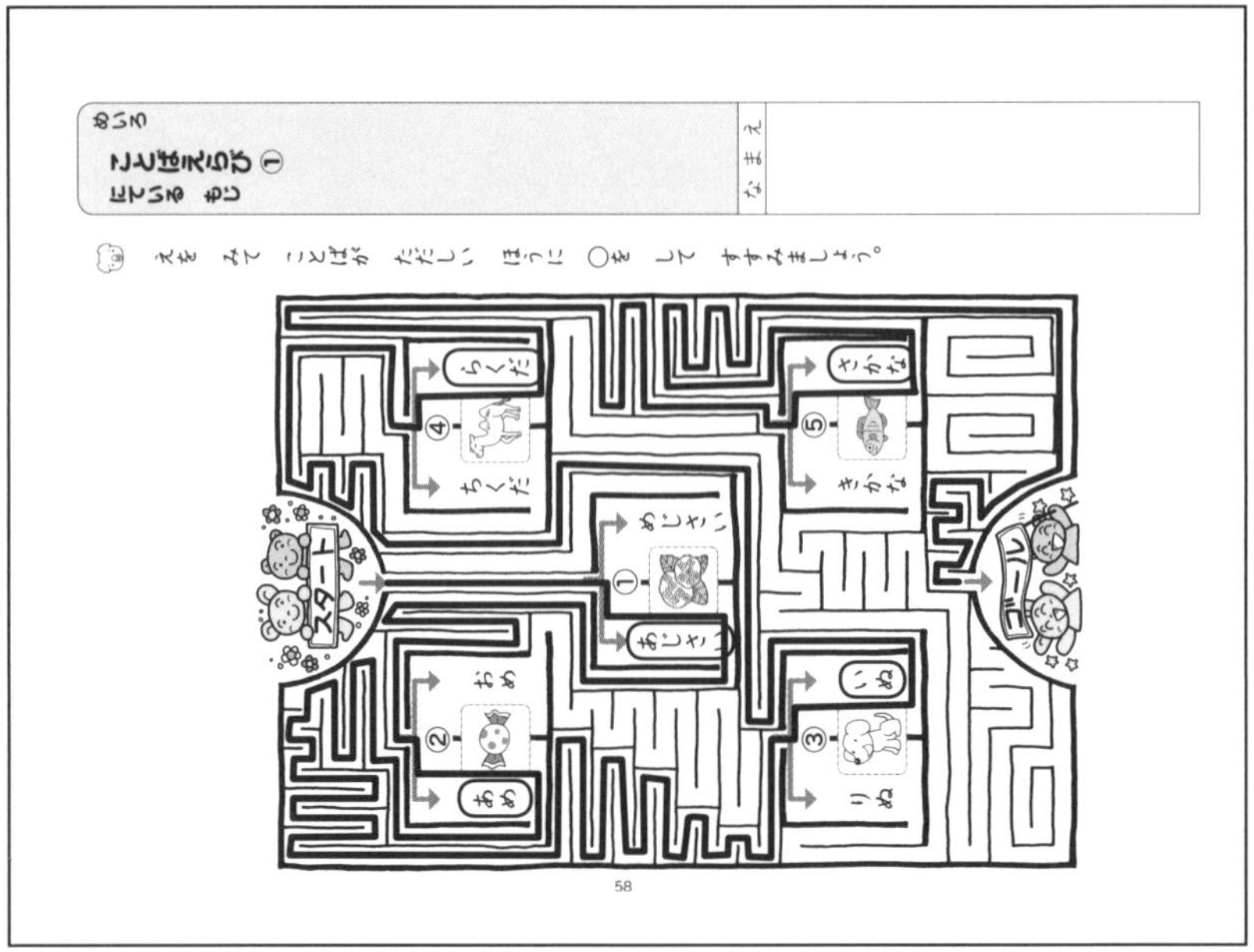

59頁

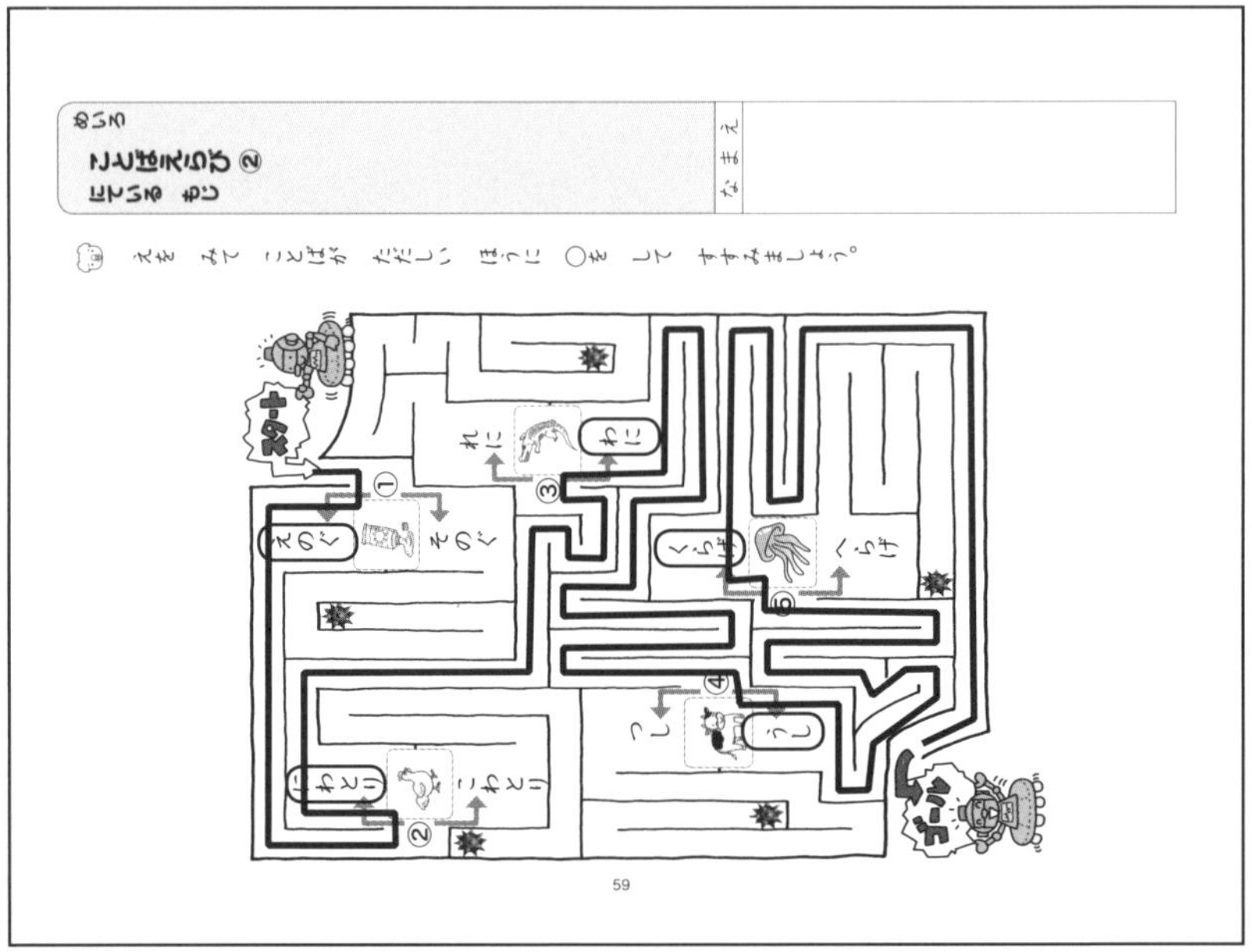

60頁

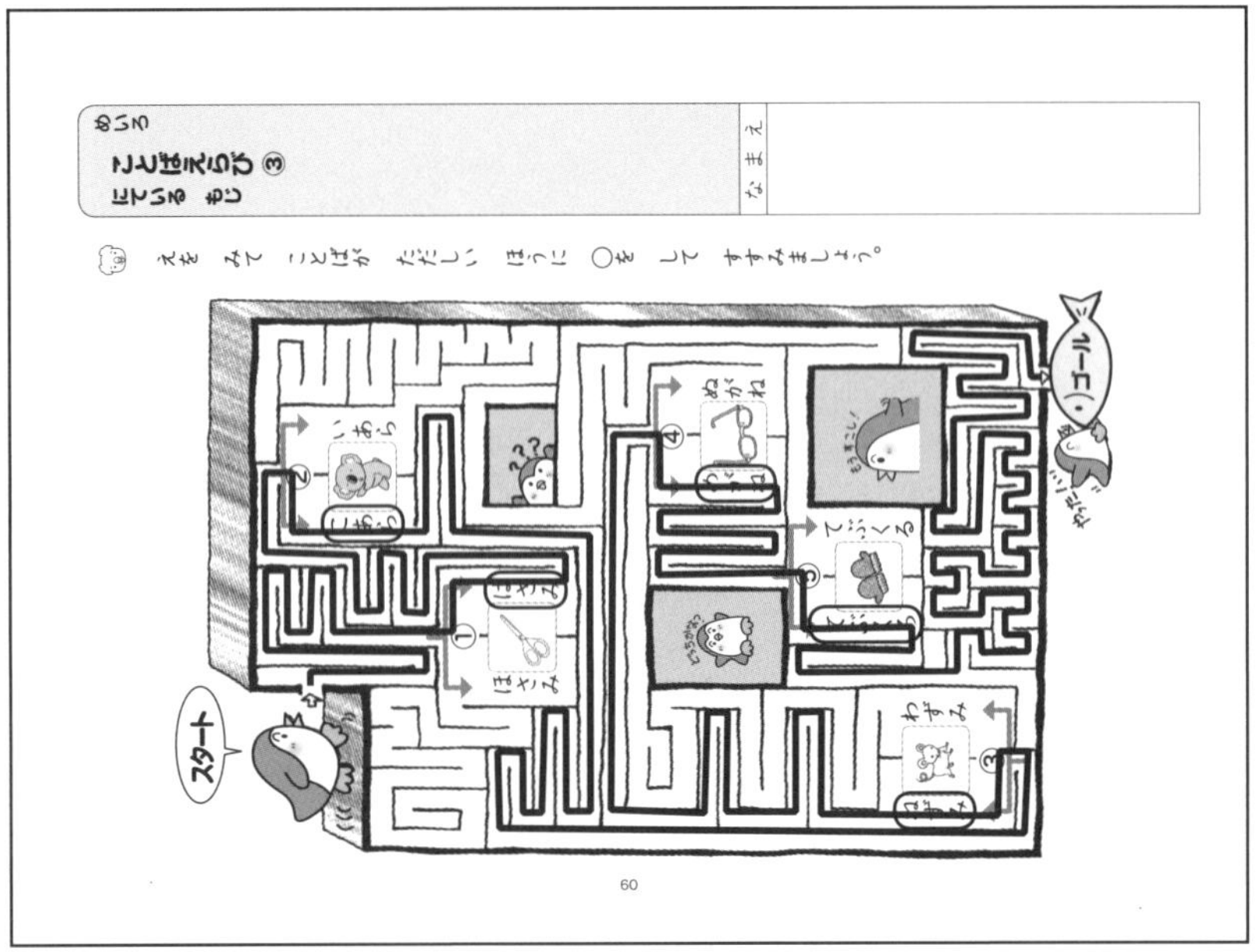

61頁

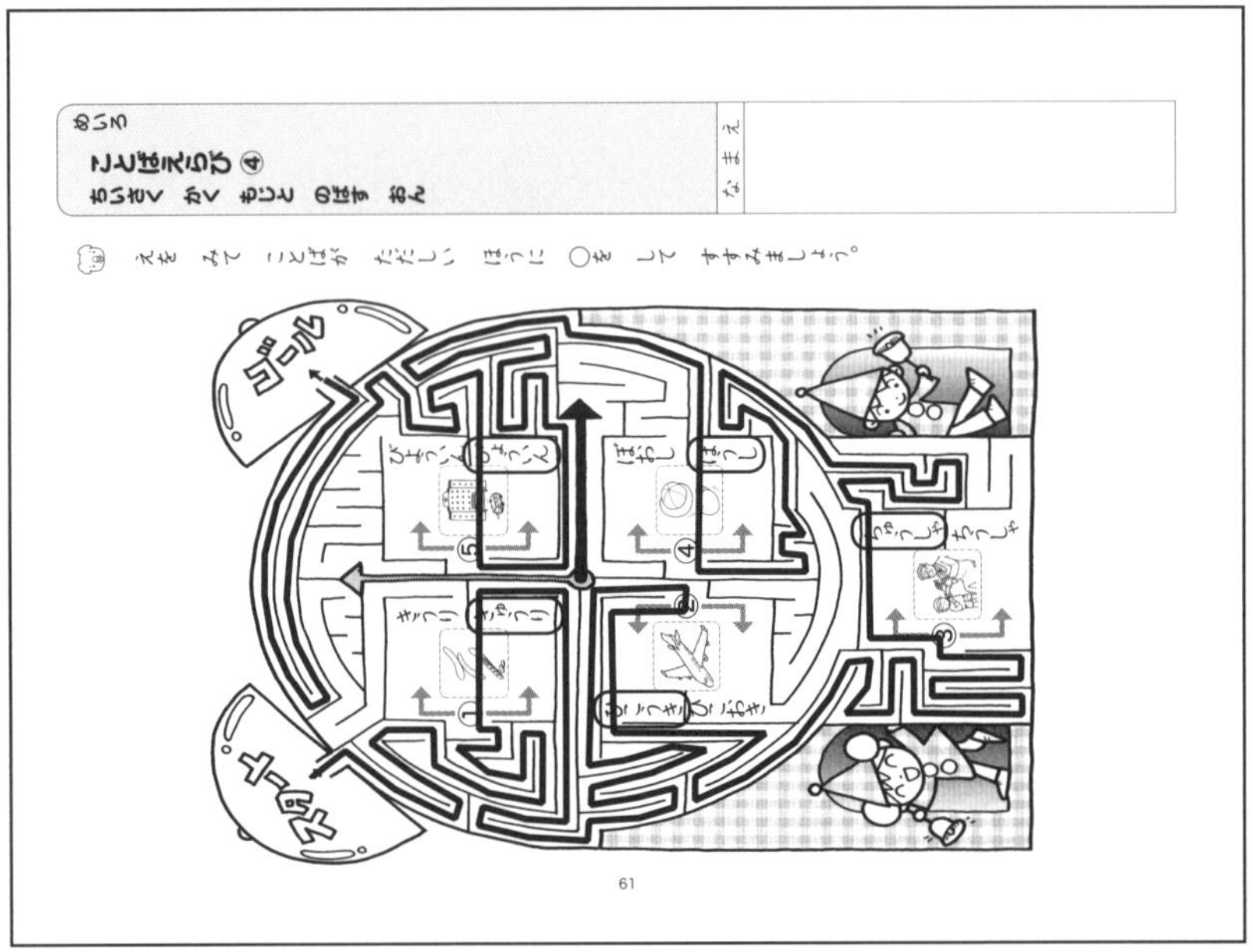

※この解答は１つの例です。児童の多様な考えに寄り添って○つけをして下さい。

64頁

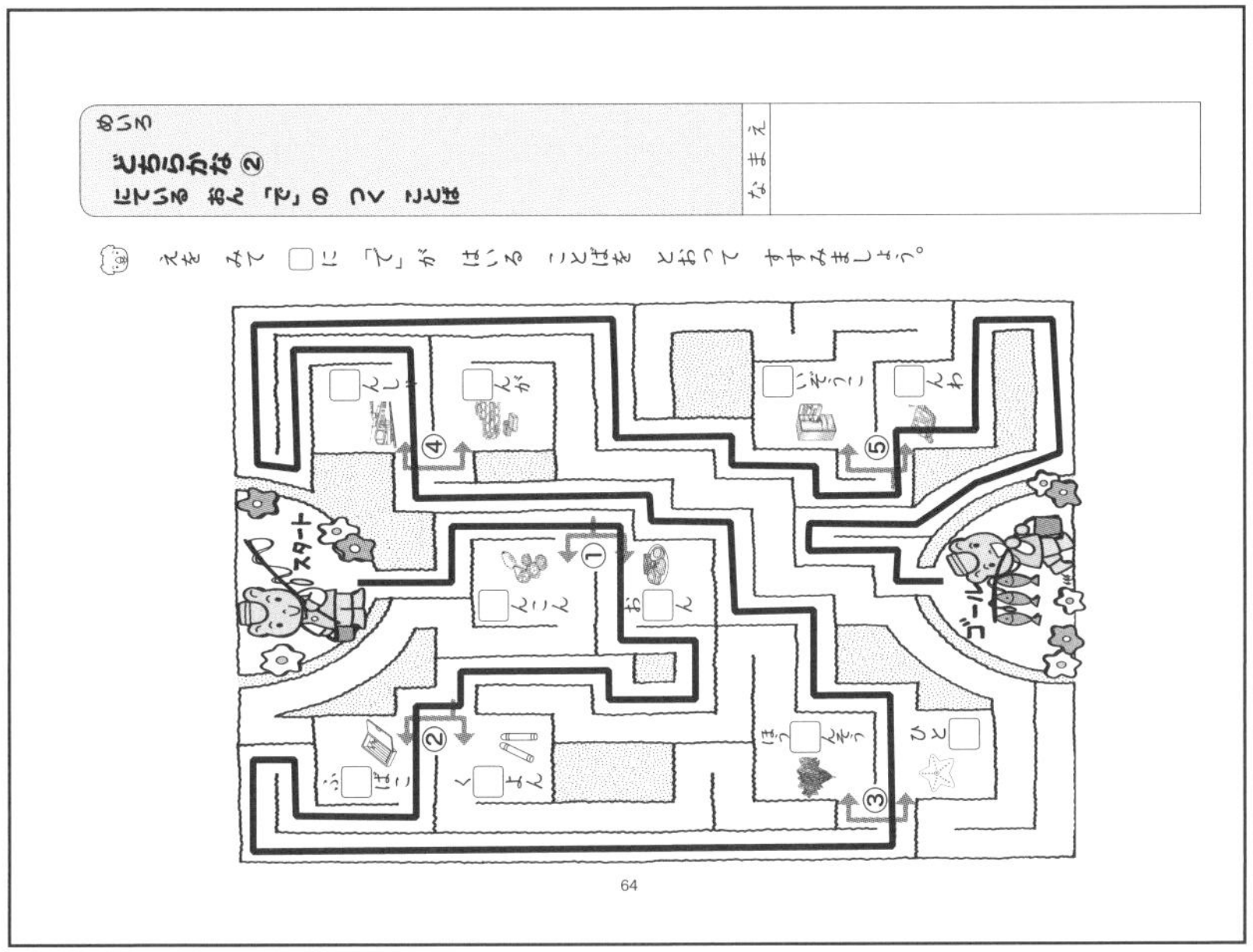

62頁

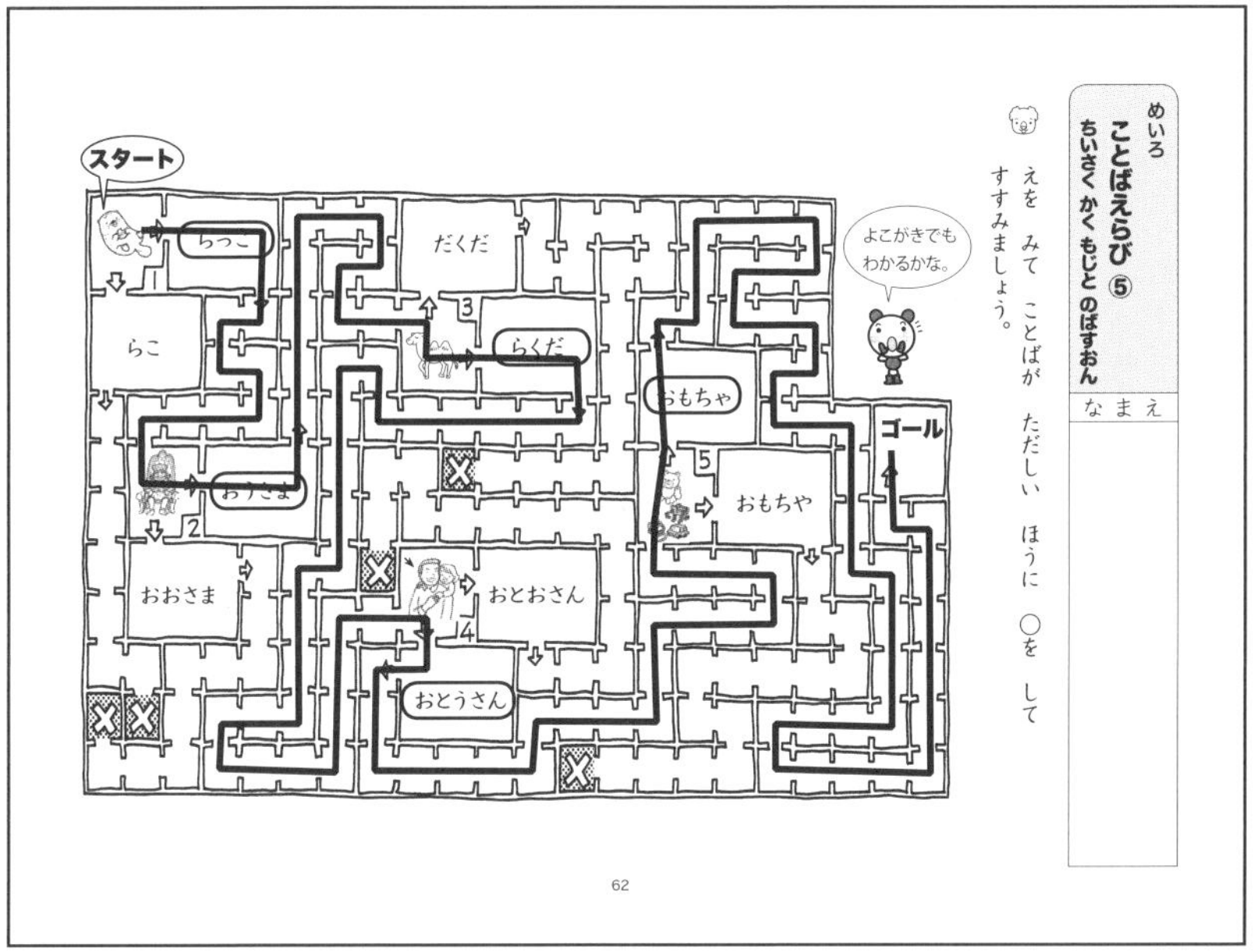

65頁

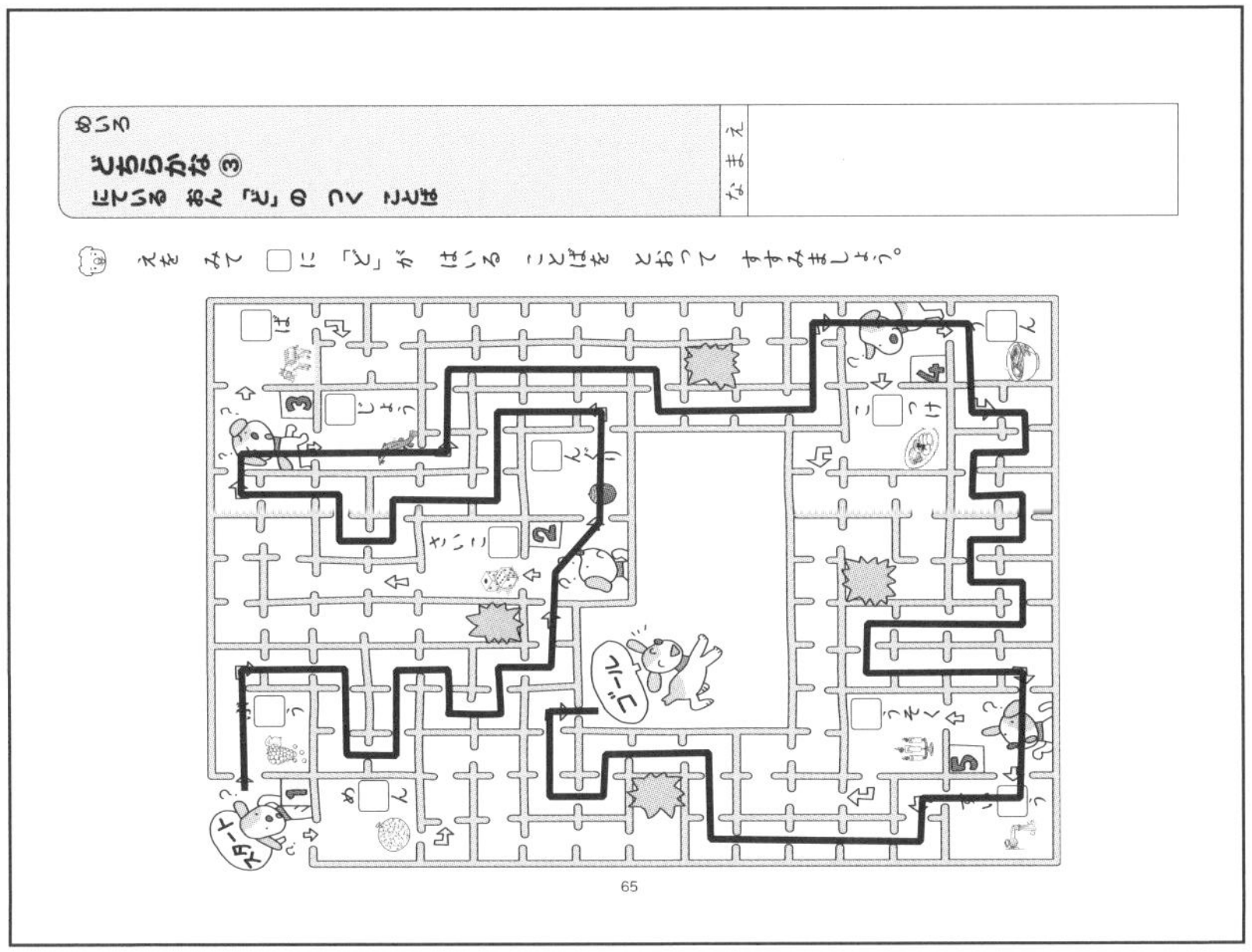

63頁

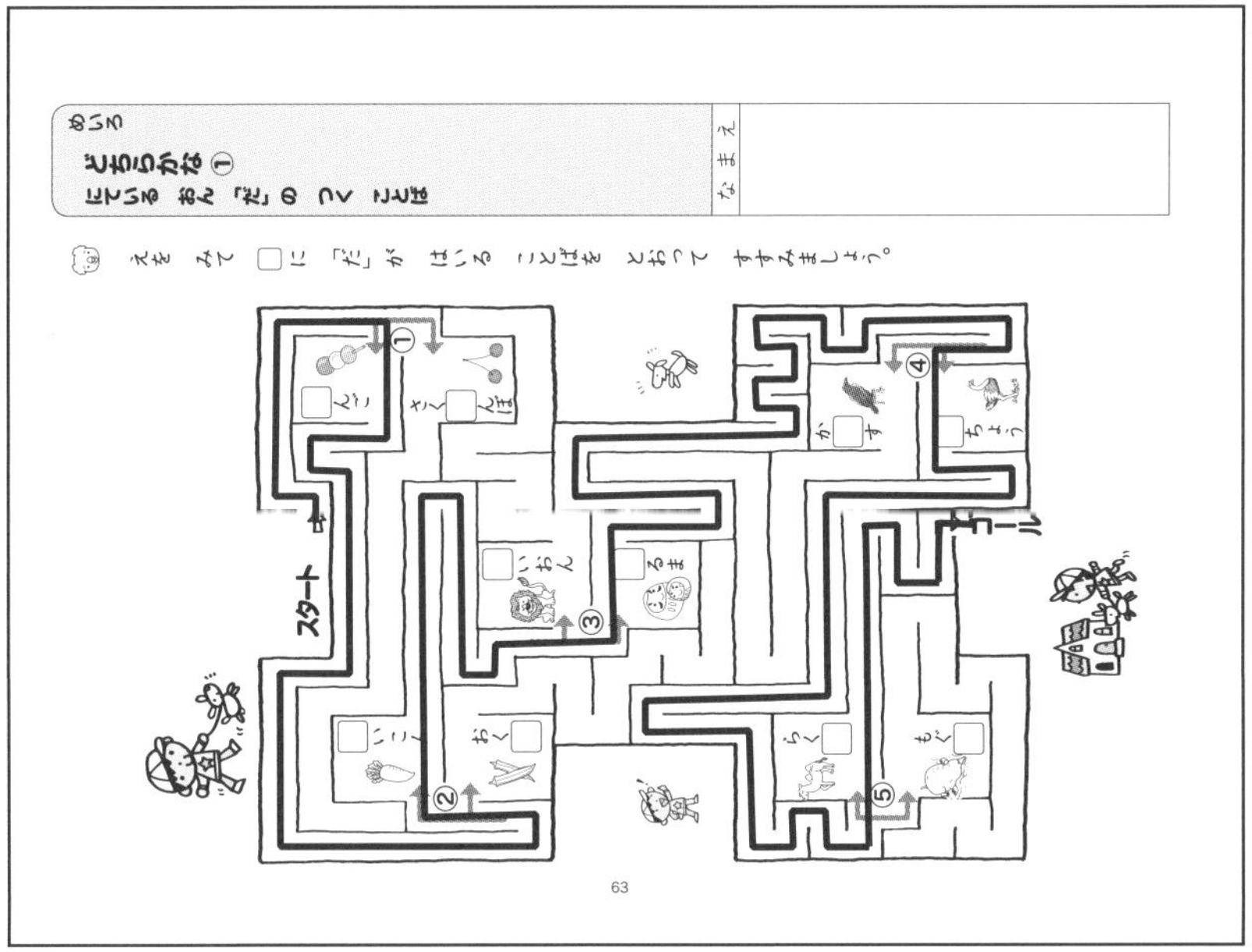

※この解答は１つの例です。児童の多様な考えに寄り添って○つけをして下さい。

68頁

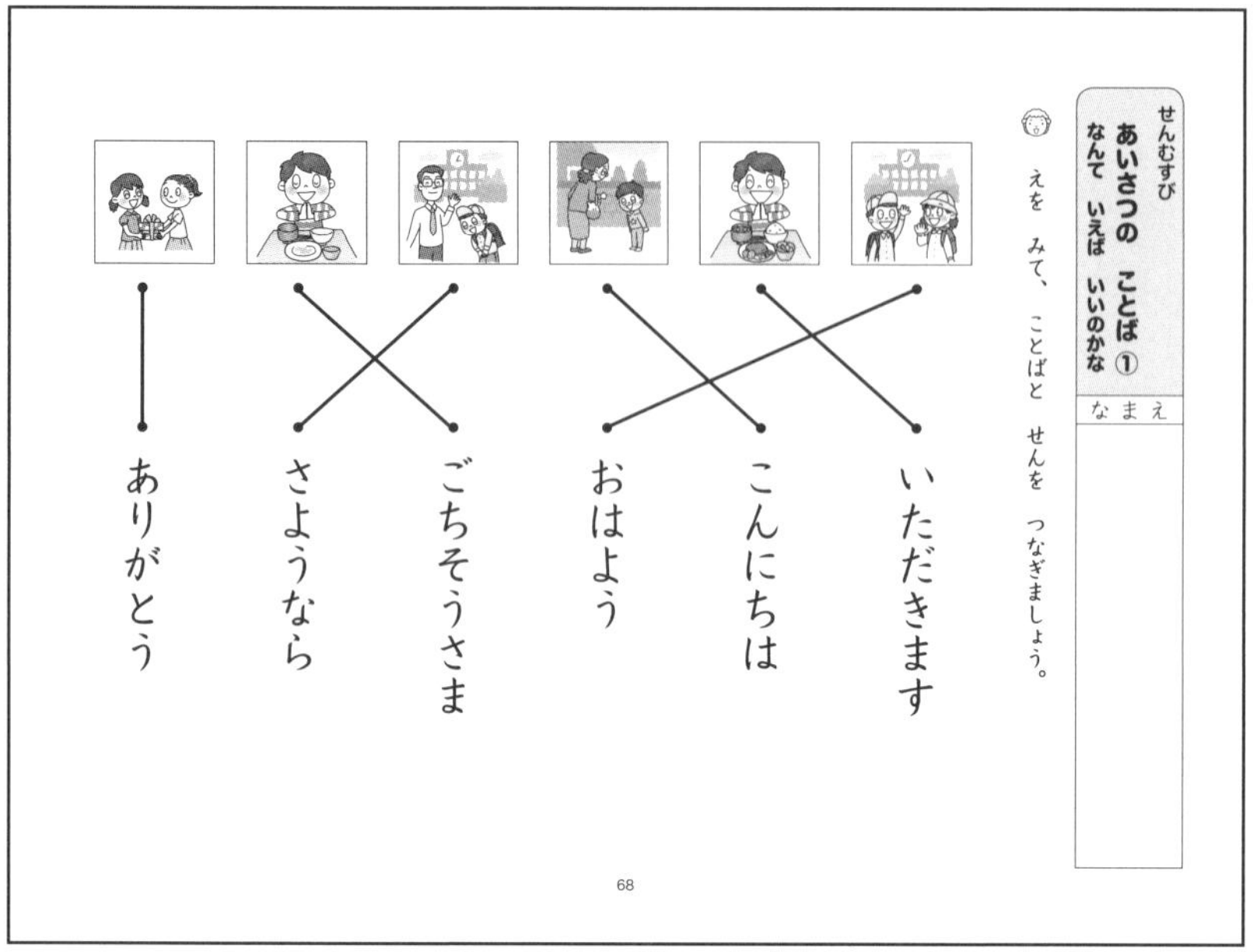

せんむすび
あいさつの ことば
なんて いえば いいのかな ①
なまえ

えを みて、ことばと せんを つなぎましょう。

いただきます
こんにちは
おはよう
ごちそうさま
さようなら
ありがとう

68

66頁

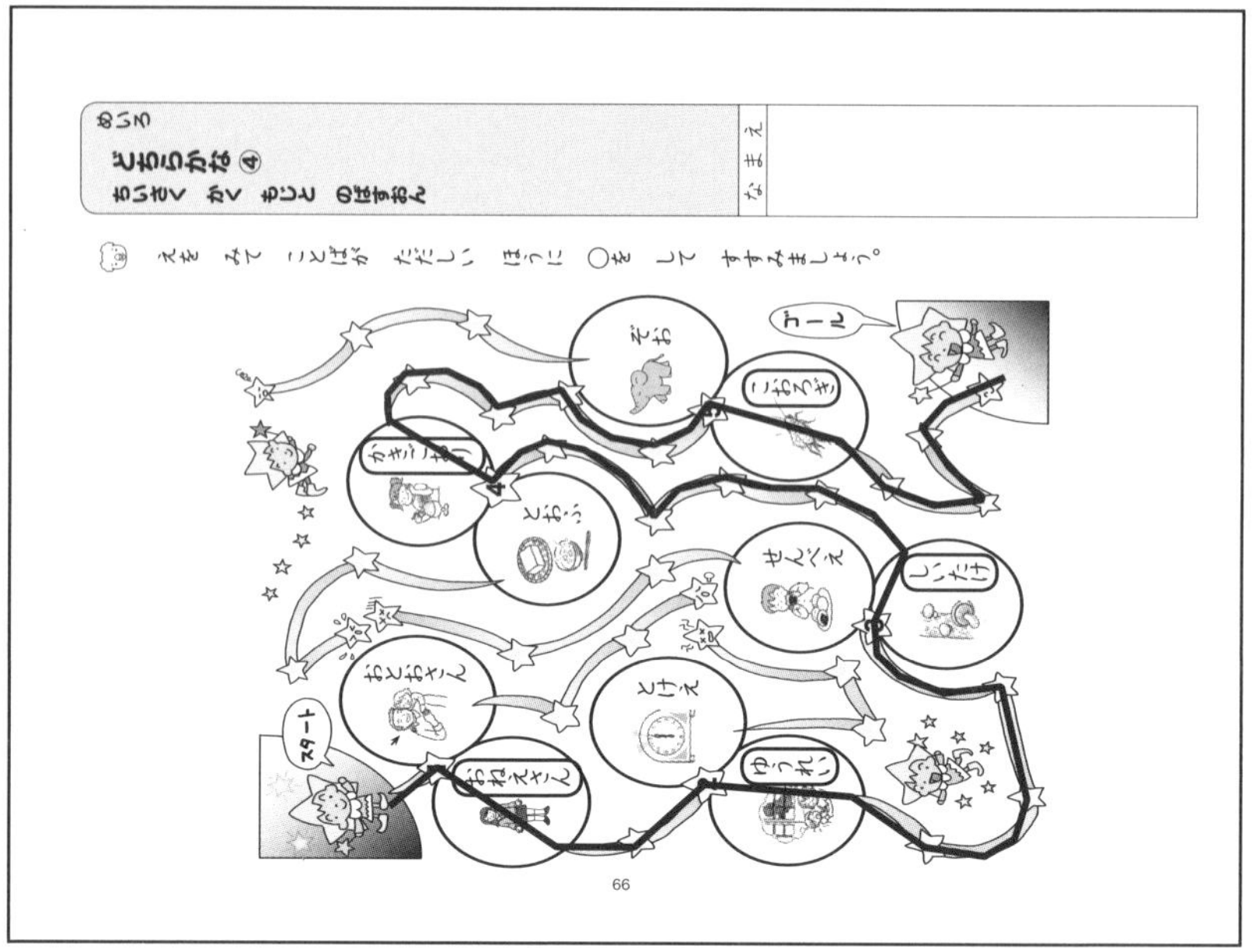

めいろ
どちらかな ④
ちいさく かく もじと のばすおん
なまえ

えを みて ことばが ただしい ほうに ○を して すすみましょう。

66

69頁

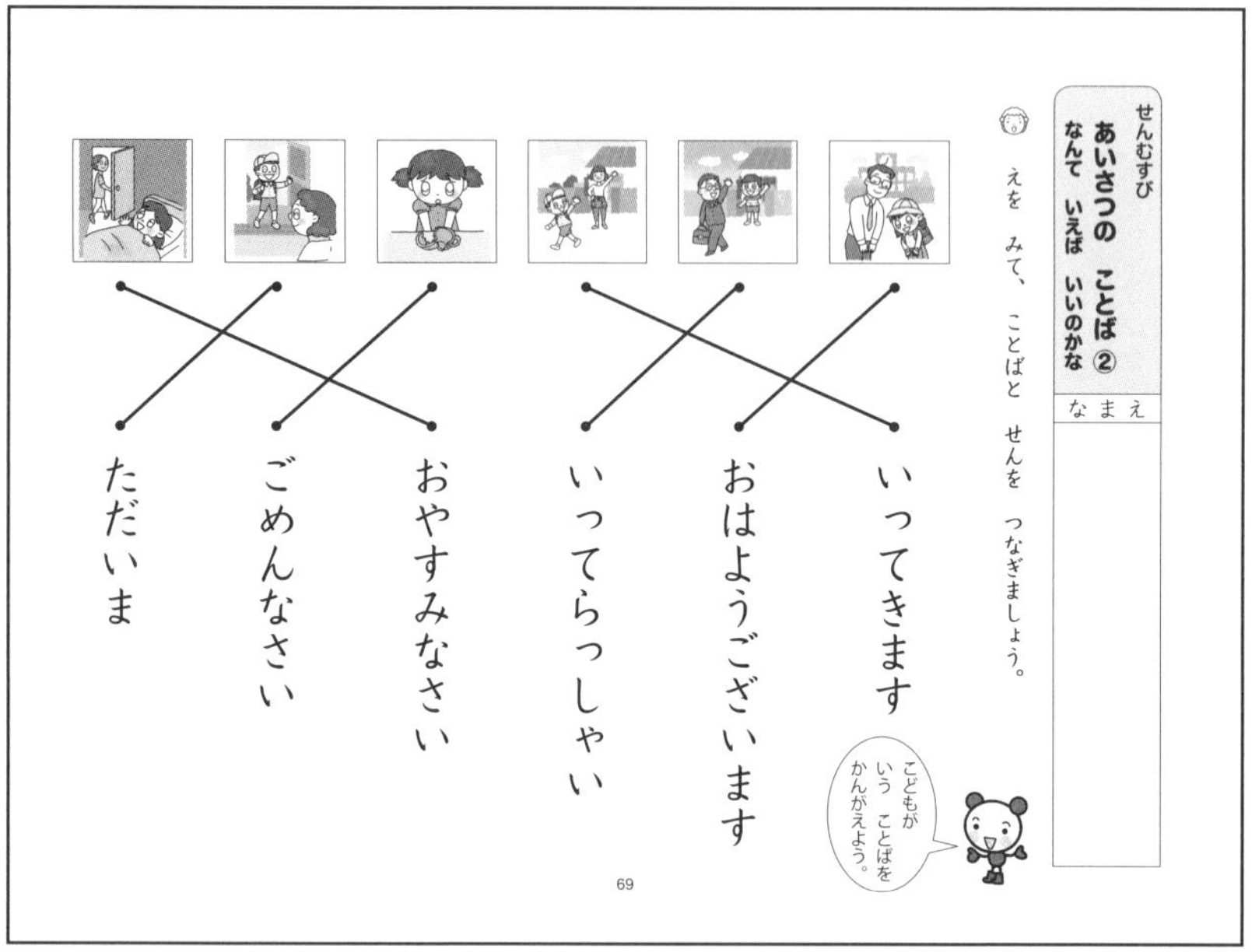

せんむすび
あいさつの ことば
なんて いえば いいのかな ②
なまえ

えを みて、ことばと せんを つなぎましょう。

いってきます
おはようございます
いってらっしゃい
おやすみなさい
ごめんなさい
ただいま

69

67頁

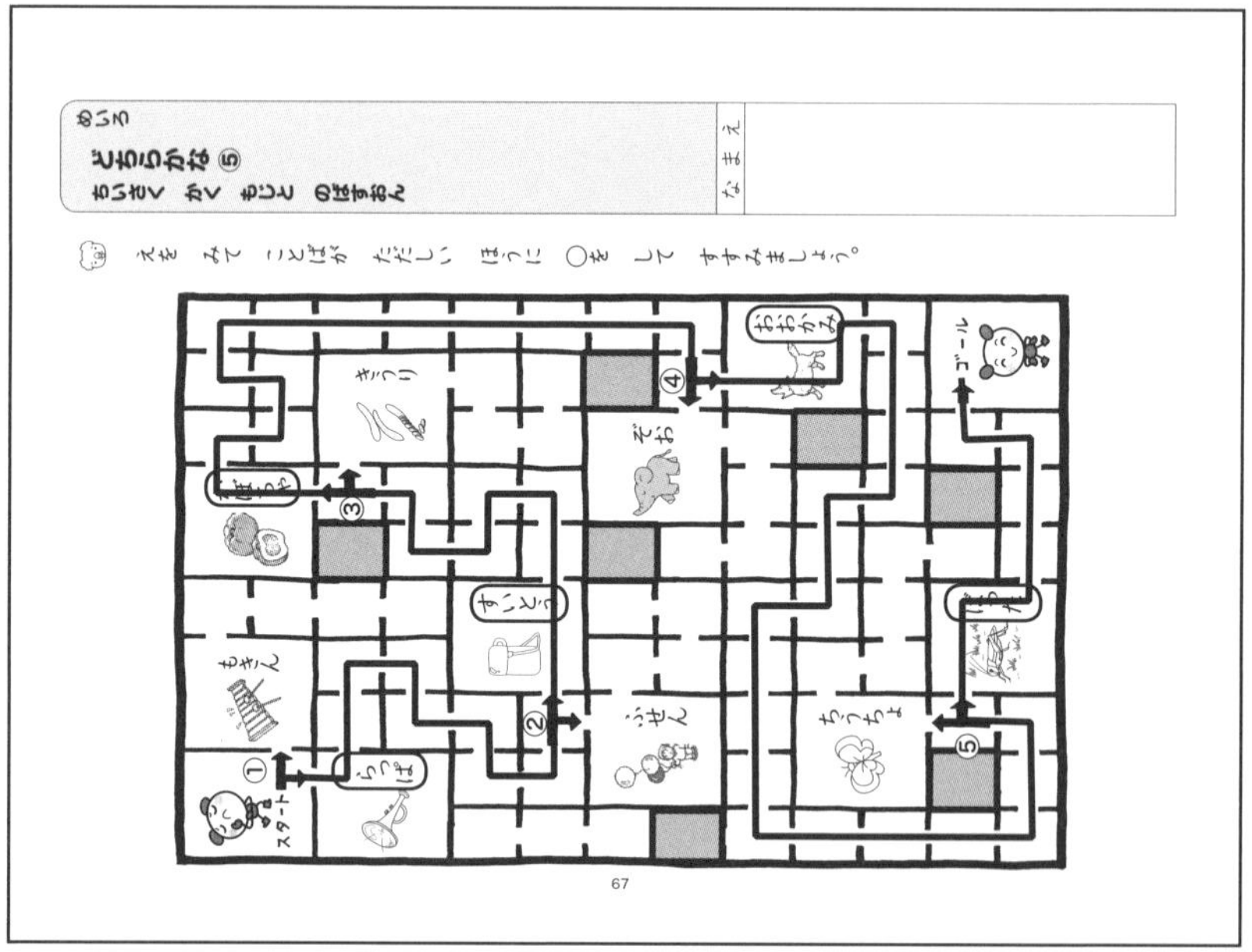

めいろ
どちらかな ⑤
ちいさく かく もじと のばすおん
なまえ

えを みて ことばが ただしい ほうに ○を して すすみましょう。

67

解答例

※ この解答は１つの例です。児童の多様な考えに寄り添って○つけをして下さい。

70頁

かくれんぼクイズ
ことばの なかの ことば ①
なにが いるかな

なまえ

いきものを あらわす ことばを みつけて □に かきましょう。

① ぼうし の なかに うし が いる。
② ぞうきん の なかに ぞう が いる。
③ すいか の なかに いか が いる。
④ てちょう の なかに ちょう が いる。
⑤ あじさい の なかに あじ と さい が いる。

70

71頁

かくれんぼクイズ
ことばの なかの ことば ②
なにが いるかな

なまえ

いきものを あらわす ことばを みつけて □に かきましょう。

① さいふ の なかに さい が いる。
② れいぞうこ の なかに ぞう が いる。
③ かばん の なかに かば が いる。
④ わかめ の なかに かめ が いる。
⑤ ちゅうしゃじょう の なかに うし が いる。

71

72頁

かくれんぼクイズ
ことばの なかの ことば ③
なにが いるかな

なまえ

いきものを あらわす ことばを みつけて □に かきましょう。

① とりい の なかに とり が いる。
② はくさい の なかに さい が いる。
③ たいこ の なかに たい が いる。
④ クリスマス の なかに リス が いる。
⑤ ぶたい の なかに ぶた と たい が いる。

72

73頁

かくれんぼクイズ
ことばの なかの ことば ④
なにが あるかな

なまえ

□に はいる ことばを みつけて かきましょう。

① はなび の なかに はな が ある。
② おおかみ の なかに かみ が ある。
③ きつつき の なかに つき が ある。
④ しょうぼうしゃ の なかに ぼうし が ある。
⑤ せんすいかん の なかに すいか が ある。

73

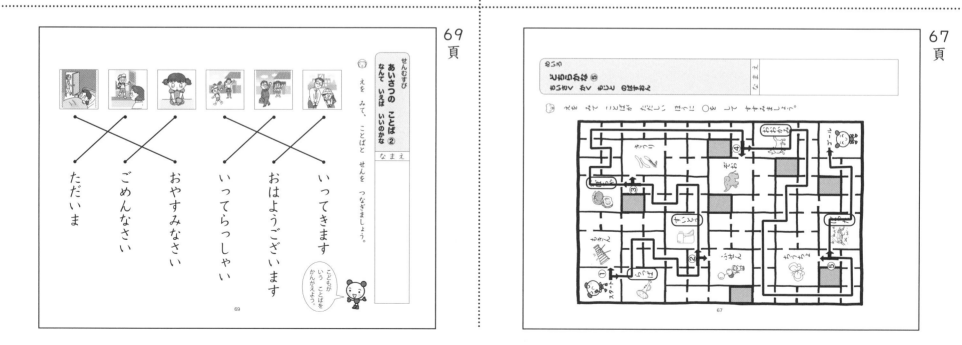

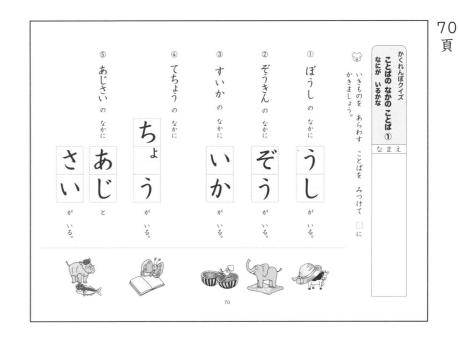

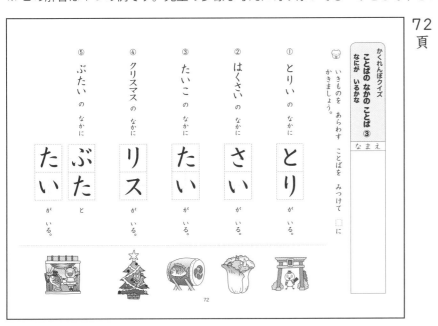

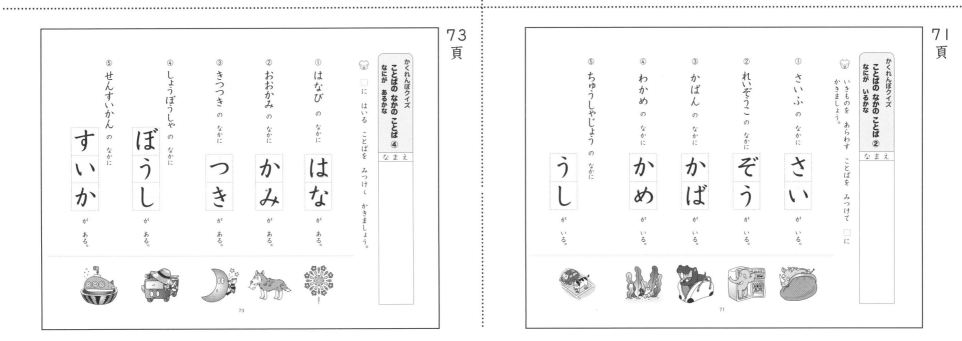

※ この解答は１つの例です。児童の多様な考えに寄り添って○つけをして下さい。

74頁

かくれんぼクイズ
ことばの なかの ことば ⑤
なにが あるかな

なまえ

□に はいる ことばを みつけて かきましょう。

① ふくろ の なかに ふく が ある。

② つくし の なかに くし が ある。

③ はくさい の なかに くさ が ある。

④ すいとう の なかに いと が ある。

⑤ しいたけ の なかに いた と たけ が ある。

74

75頁

かくれんぼクイズ
ことばの なかの ことば ⑥
なにが あるかな

なまえ

□に はいる ことばを みつけて かきましょう。

① みかん の なかに かん が ある。

② パンダ の なかに パン が ある。

③ フライパン の なかに パン が ある。

④ ダンボール の なかに ボール が ある。

⑤ プリント の なかに プリン が ある。

75

76頁

もじの ならべかえ クイズ
3もじの ことば ①

なまえ

もじを ならべかえて ただしい ことばを かきましょう。

① じ ら く ⇒ くじら

② ち ご い ⇒ いちご

③ の ぐ え ⇒ えのぐ

④ す か ら ⇒ からす

⑤ め ね が ⇒ めがね

⑥ る ま く ⇒ くるま

● かけたら ことばを あらわす えに ○を しましょう。

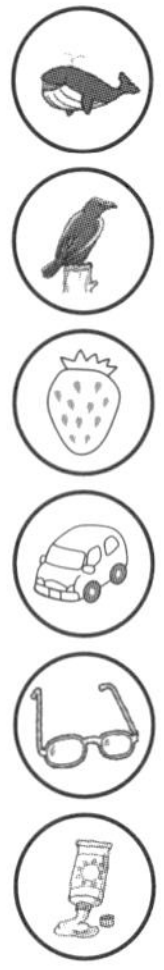

76

77頁

もじの ならべかえ クイズ
3もじの ことば ②

なまえ

もじを ならべかえて ただしい ことばを かきましょう。

① か め わ ⇒ わかめ

② さ み は ⇒ はさみ

③ ら く げ ⇒ くらげ

④ ほ ん え ⇒ えほん

⑤ ぼ ん と ⇒ とんぼ

⑥ く ら だ ⇒ らくだ

● かけたら ことばを あらわす えに ○を しましょう。

77

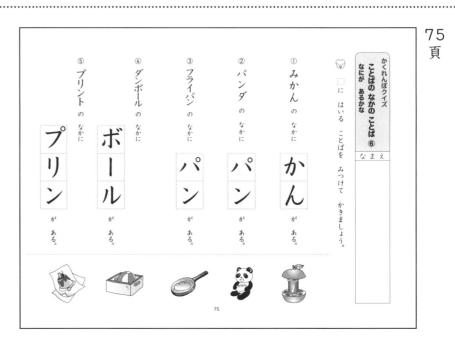

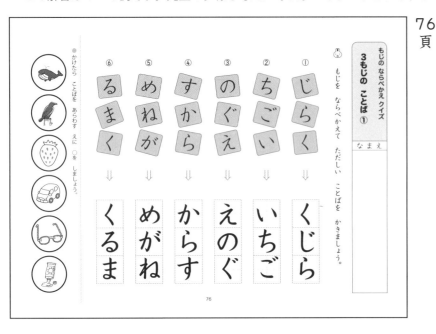

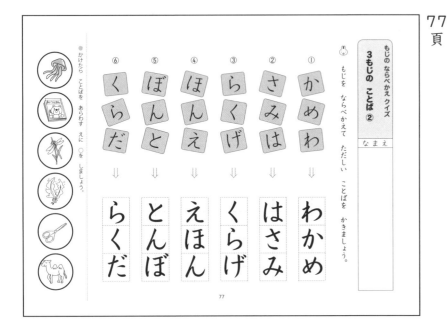

解答例

※この解答は１つの例です。児童の多様な考えに寄り添って○つけをして下さい。

78頁

もじの ならべかえ クイズ
3もじの ことば ③
ちいさく かく もじと のばす おん

なまえ

もじを ならべかえて ただしい ことばを かきましょう。

① う ぶ ど ⇒ ぶどう
② こ っ ら ⇒ らっこ
③ し う ぼ ⇒ ぼうし
④ う ひ ょ ⇒ ひょう
⑤ た ば っ ⇒ ばった
⑥ お こ り ⇒ こおり

かけたら ことばを あらわす えに ○を しましょう。

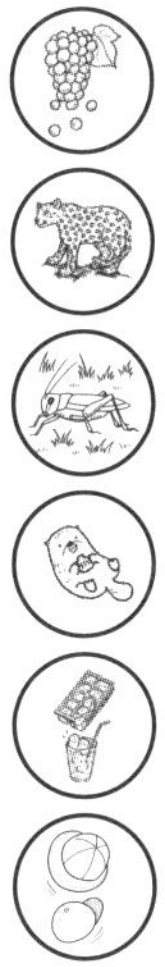

78

79頁

もじの ならべかえ クイズ
3もじの ことば ④
ちいさく かく もじと のばす おん

なまえ

もじを ならべかえて ただしい ことばを かきましょう。

① ず め す ⇒ すずめ
② ぱ ら っ ⇒ らっぱ
③ ご ら り ⇒ ごりら
④ ん み か ⇒ みかん
⑤ う り ゅ ⇒ りゅう
⑥ な さ か ⇒ さかな

かけたら ことばを あらわす えに ○を しましょう。

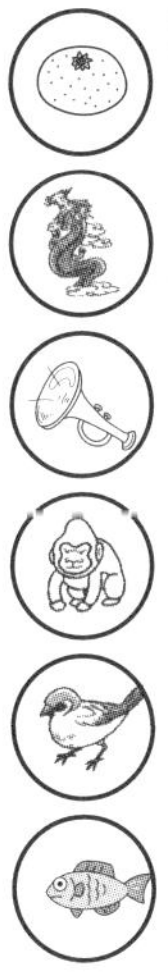

79

80頁

もじの ならべかえ クイズ
3もじの ことば ⑤
ちいさく かく もじと のばす おん

なまえ

もじを ならべかえて ただしい ことばを かきましょう。

① か い す ⇒ すいか
② ふ と う ⇒ とうふ
③ さ う ぎ ⇒ うさぎ
④ ら く さ ⇒ さくら
⑤ て き っ ⇒ きって
⑥ こ い た ⇒ たいこ

かけたら ことばを あらわす えに ○を しましょう。

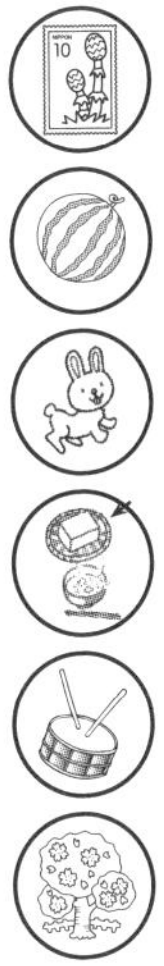

80

81頁

もじの ならべかえ クイズ
3もじの ことば ⑥
ちいさく かく もじと のばす おん

なまえ

もじを ならべかえて ただしい ことばを かきましょう。

① う き ほ ⇒ ほうき
② え く つ ⇒ つくえ
③ ぽ し っ ⇒ しっぽ
④ ま だ る ⇒ だるま
⑤ ね つ き ⇒ きつね
⑥ す り く ⇒ くすり

かけたら ことばを あらわす えに ○を しましょう。

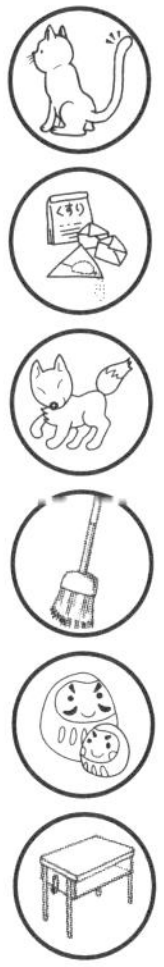

81

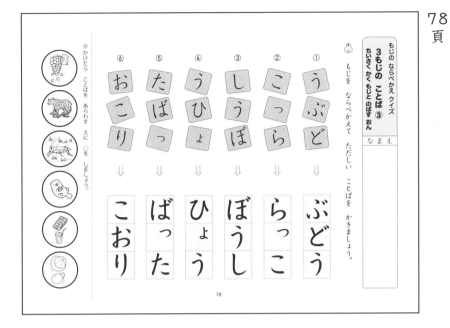

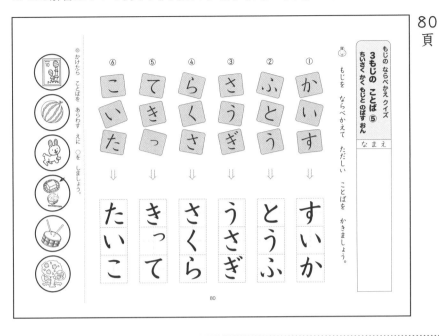

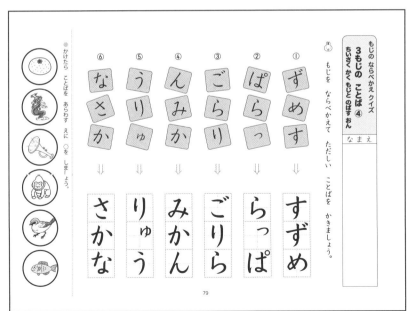

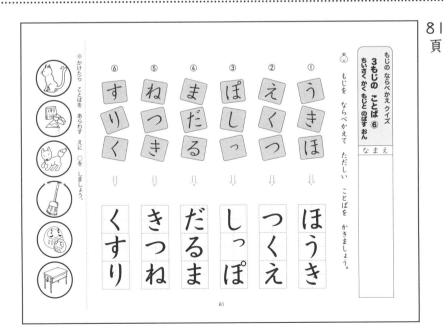

※ この解答は１つの例です。児童の多様な考えに寄り添って○つけをして下さい。

82頁

もじの ならべかえ クイズ
4もじの ことば ①

なまえ

もじを ならべかえて ただしい ことばを かきましょう。

① ま う ま し ⇒ しまうま
② と な び わ ⇒ なわとび
③ ま ひ り わ ⇒ ひまわり
④ ん じ に ん ⇒ にんじん
⑤ り わ に と ⇒ にわとり
⑥ ぴ ん つ え ⇒ えんぴつ

● かけたら ことばを あらわす えに ○を しましょう。

82

83頁

もじの ならべかえ クイズ
4もじの ことば ②

なまえ

もじを ならべかえて ただしい ことばを かきましょう。

① お さ が あ ⇒ あさがお
② た つ し く ⇒ くつした
③ ふ ん さ じ ⇒ ふじさん
④ あ し ざ ら ⇒ あざらし
⑤ が な つ ぐ ⇒ ながぐつ
⑥ こ れ ん ん ⇒ れんこん

● かけたら ことばを あらわす えに ○を しましょう。

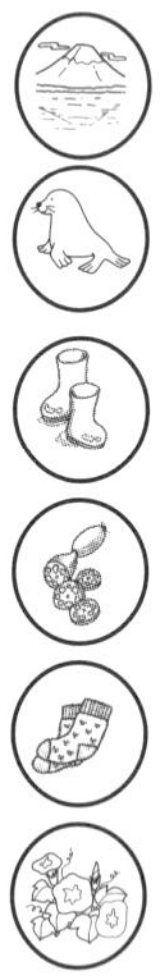

83

84頁

もじの ならべかえ クイズ
4もじの ことば ③
ちいさく かく もじと のばす おん

なまえ

もじを ならべかえて ただしい ことばを かきましょう。

① い う す と ⇒ すいとう
② う ぼ て つ ⇒ てつぼう
③ ひ き う こ ⇒ ひこうき
④ こ っ が う ⇒ がっこう
⑤ ち ゃ ぼ か ⇒ かぼちゃ
⑥ い せ ん せ ⇒ せんせい

● かけたら ことばを あらわす えに ○を しましょう。

84

85頁

もじの ならべかえ クイズ
4もじの ことば ④
ちいさく かく もじと のばす おん

なまえ

もじを ならべかえて ただしい ことばを かきましょう。

① し の い し ⇒ いのしし
② そ み る し ⇒ みそしる
③ み な り か ⇒ かみなり
④ う ん ふ せ ⇒ ふうせん
⑤ ね ま た ぎ ⇒ たまねぎ
⑥ ん け っ せ ⇒ せっけん

● かけたら ことばを あらわす えに ○を しましょう。

85

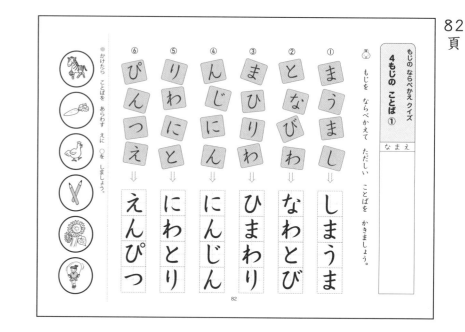

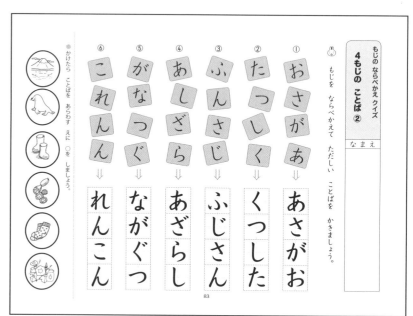

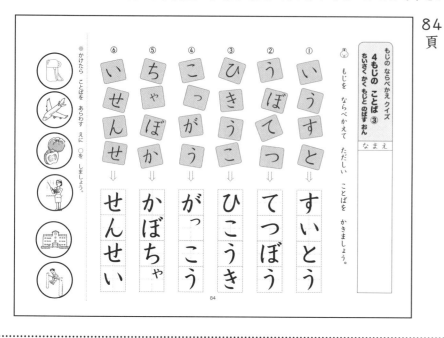

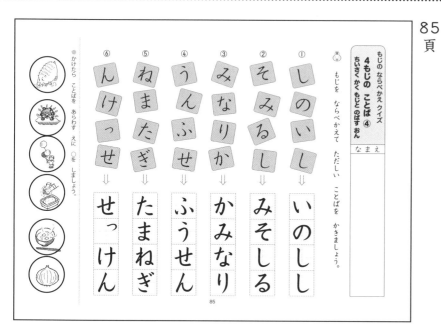

解答例

※この解答は１つの例です。児童の多様な考えに寄り添って○つけをして下さい。

86頁

もじの ならべかえ クイズ
4もじの ことば⑤
ちいさく かく もじと のばす おん

なまえ

もじを ならべかえて ただしい ことばを かきましょう。

① と な う っ ⇒ なっとう
② お か み お ⇒ おおかみ
③ ち ょ う だ ⇒ だちょう
④ く ぶ て ろ ⇒ てぶくろ
⑤ き そ じ う ⇒ そうじき
⑥ し っ き ょ ⇒ しょっき

● かけたら ことばを あらわす えに ○を しましょう。

86

87頁

もじの ならべかえ クイズ
4もじの ことば⑥
ちいさく かく もじと のばす おん

なまえ

もじを ならべかえて ただしい ことばを かきましょう。

① う き き ゅ ⇒ ききゅう
② だ ん か い ⇒ かいだん
③ ろ く ふ う ⇒ ふくろう
④ こ け の た ⇒ たけのこ
⑤ け こ か っ ⇒ かけっこ
⑥ い ん こ だ ⇒ だいこん

● かけたら ことばを あらわす えに ○を しましょう。

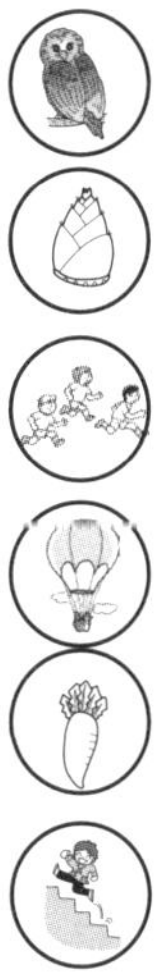

87

88頁

もじの ならべかえ クイズ
5もじの ことば①

なまえ

もじを ならべかえて ただしい ことばを かきましょう。

① ま き だ や め ⇒ めだまやき
② と ぶ か し む ⇒ かぶとむし
③ ま き ゆ る だ ⇒ ゆきだるま
④ ぼ く ら ん さ ⇒ さくらんぼ
⑤ べ す い り だ ⇒ すべりだい
⑥ な し が ぼ れ ⇒ ながれぼし

● かけたら ことばを あらわす えに ○を しましょう。

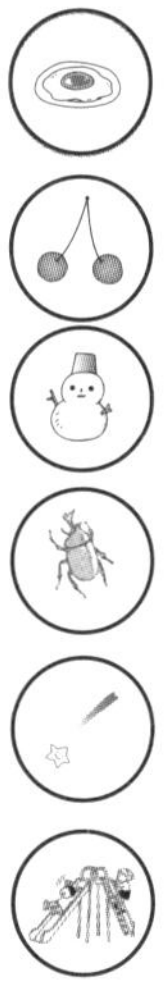

88

89頁

もじの ならべかえ クイズ
5もじの ことば②

なまえ

もじを ならべかえて ただしい ことばを かきましょう。

① ち ば き え う ⇒ うえきばち
② ぶ し ん し ん ⇒ しんぶんし
③ ぐ ぬ い み る ⇒ ぬいぐるみ
④ ま り の ぼ や ⇒ やまのぼり
⑤ は が み き こ ⇒ はみがきこ
⑥ か ん り じ わ ⇒ じかんわり

● かけたら ことばを あらわす えに ○を しましょう。

89

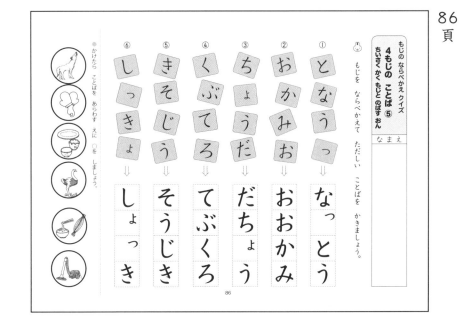

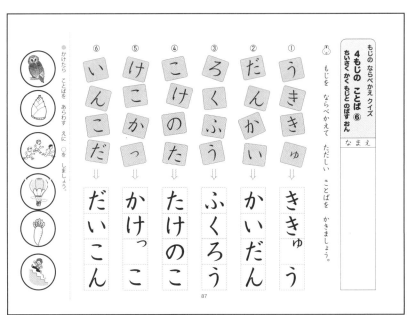

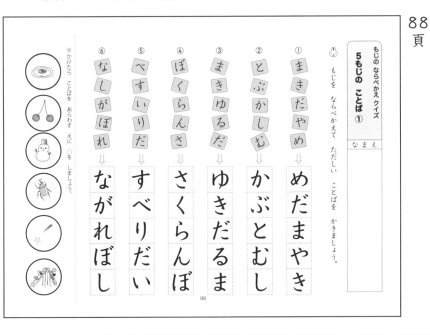

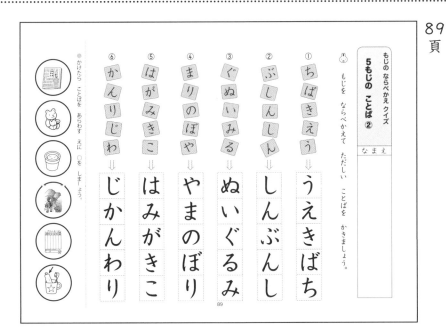

※この解答は１つの例です。児童の多様な考えに寄り添って○つけをして下さい。

90頁

もじの ならべかえ クイズ
5もじの ことば ③
ちいさく かく もじと のばす おん

なまえ

もじを ならべかえて ただしい ことばを かきましょう。

① お さ ん あ か ⇒ おかあさん
② お せ っ い と ⇒ おっとせい
③ て し ゃ じ ん ⇒ じてんしゃ
④ せ き う ぷ ん ⇒ せんぷうき
⑤ り か お き ご ⇒ かきごおり
⑥ ち ち ょ う ょ ⇒ ちょうちょ

● かけたら ことばを あらわす えに ○を しましょう。

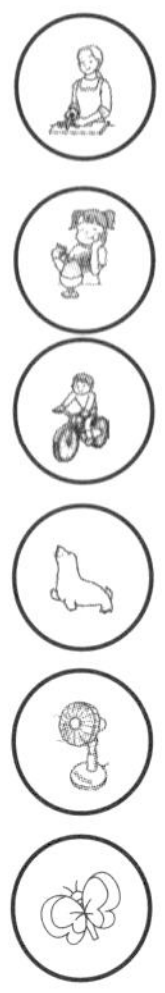

90

91頁

もじの ならべかえ クイズ
5もじの ことば ④
ちいさく かく もじと のばす おん

なまえ

もじを ならべかえて ただしい ことばを かきましょう。

① ら っ こ め に ⇒ にらめっこ
② く れ か ぼ ん ⇒ かくれんぼ
③ じ ゃ う ど し ⇒ じどうしゃ
④ ね し む が め ⇒ むしめがね
⑤ ぼ ん と せ お ⇒ とおせんぼ
⑥ な つ ま ひ り ⇒ ひなまつり

● かけたら ことばを あらわす えに ○を しましょう。

91

92頁

もじの ならべかえ クイズ
5もじの ことば ⑤
ちいさく かく もじと のばす おん

なまえ

もじを ならべかえて ただしい ことばを かきましょう。

① の り ぼ い こ ⇒ こいのぼり
② き ょ ん う べ ⇒ べんきょう
③ ね ん お さ え ⇒ おねえさん
④ む か つ た り ⇒ かたつむり
⑤ り ゃ し っ く ⇒ しゃっくり
⑥ つ か な り さ ⇒ さかなつり

● かけたら ことばを あらわす えに ○を しましょう。

92

93頁

もじの ならべかえ クイズ
5もじの ことば ⑥
ちいさく かく もじと のばす おん

なまえ

もじを ならべかえて ただしい ことばを かきましょう。

① ぎ ゅ う ち き ⇒ ちきゅうぎ
② ぎ ょ ん に う ⇒ にんぎょう
③ う び ょ ん い ⇒ びょういん
④ こ ぞ う い れ ⇒ れいぞうこ
⑤ で い け う ど ⇒ うでどけい
⑥ も じ ゃ が い ⇒ じゃがいも

● かけたら ことばを あらわす えに ○を しましょう。

93

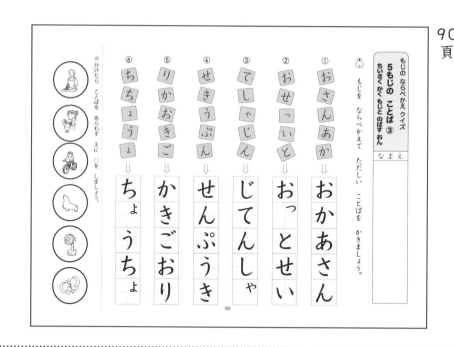

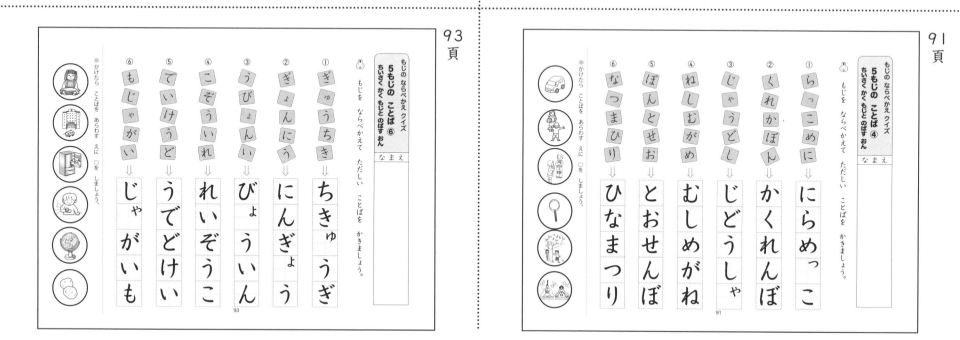

解答例

※この解答は１つの例です。児童の多様な考えに寄り添って○つけをして下さい。

94頁

おなじもじクイズ
ひらがな ①

なまえ

ただしい ことばに なるように □に それぞれ おなじ もじを いれて かきましょう。

① にんじん（おなじ もじ）
② きつつき
③ かんらんしゃ
④ でんしんばしら
⑤ たいいくかん
⑥ おおかみ

かけたら えに ○を つけよう。

94

95頁

おなじもじクイズ
ひらがな ②

なまえ

ただしい ことばに なるように □に それぞれ おなじ もじを いれて かきましょう。

① たんぽぽ
② きょうりゅう
③ しんかんせん
④ しょうがっこう
⑤ てるてるぼうず
⑥ しゃしん

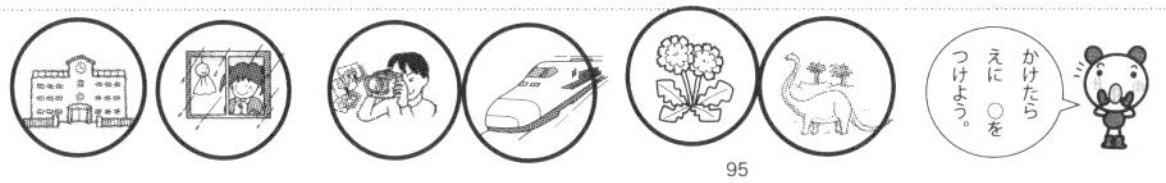

かけたら えに ○を つけよう。

95

96頁

おなじもじクイズ
ひらがな ③

なまえ

ただしい ことばに なるように □に それぞれ おなじ もじを いれて かきましょう。

① しまうま
② ほうれんそう
③ けいたいでんわ
④ おうだんほどう
⑤ ちょうちん
⑥ なのはな

かけたら えに ○を つけよう。

96

97頁

おなじもじクイズ
ひらがな ④

なまえ

ただしい ことばに なるように □に それぞれ おなじ もじを いれて かきましょう。

① いのしし
② としょしつ
③ せんすいかん
④ しょうぼうしゃ
⑤ うんどうかい
⑥ せんせい

かけたら えに ○を つけよう。

97

※ この解答は１つの例です。児童の多様な考えに寄り添って○つけをして下さい。

解答例

98頁

おなじもじクイズ カタカナ①

なまえ

ただしい ことばに なるように □に それぞれ おなじ もじを いれて カタカナで かきましょう。

① バナナ
② ペンギン
③ クリスマス
④ メロンパン
⑤ キャッチャー
⑥ カタカナ

かけたら えに ○を つけよう。

98

99頁

おなじもじクイズ カタカナ②

なまえ

ただしい ことばに なるように □に それぞれ おなじ もじを いれて カタカナで かきましょう。

① チンパンジー
② ウクレレ
③ トランポリン
④ リュックサック
⑤ トマト
⑥ ジャングルジム

かけたら えに ○を つけよう。

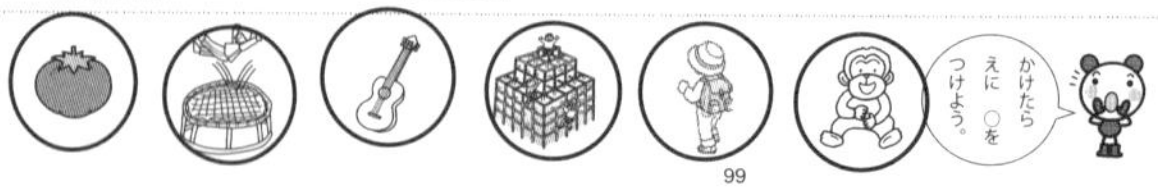

99

100頁

せんむすび きせつの ことば① はる

なまえ

「はる」と いえば、おもいだす ことばは なんでしょう。えを みて、ことばの はじめの もじを みつけて せんで つなぎ、ことばを かきましょう。

たんぽぽ
さくら
ちょうちょ
ひなまつり
にゅうがく しき
つくし

ほかに あるかな。
そつぎょうしき
はなみ

100

101頁

せんむすび きせつの ことば② なつ

なまえ

「なつ」と いえば、おもいだす ことばは なんでしょう。えを みて、ことばの はじめの もじを みつけて せんで つなぎ、ことばを かきましょう。

はなび
せみ
うみ
かきごおり
ひまわり
あさがお

ほかに あるかな。
なつまつり
かぶとむし

101

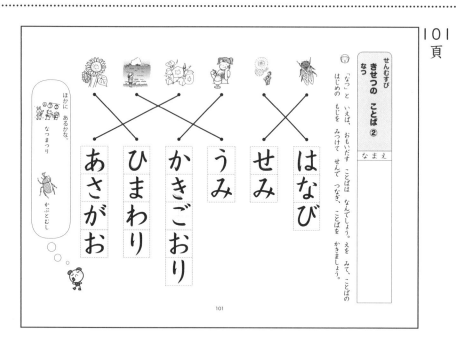

解答例

※この解答は１つの例です。児童の多様な考えに寄り添って○つけをして下さい。

102 頁

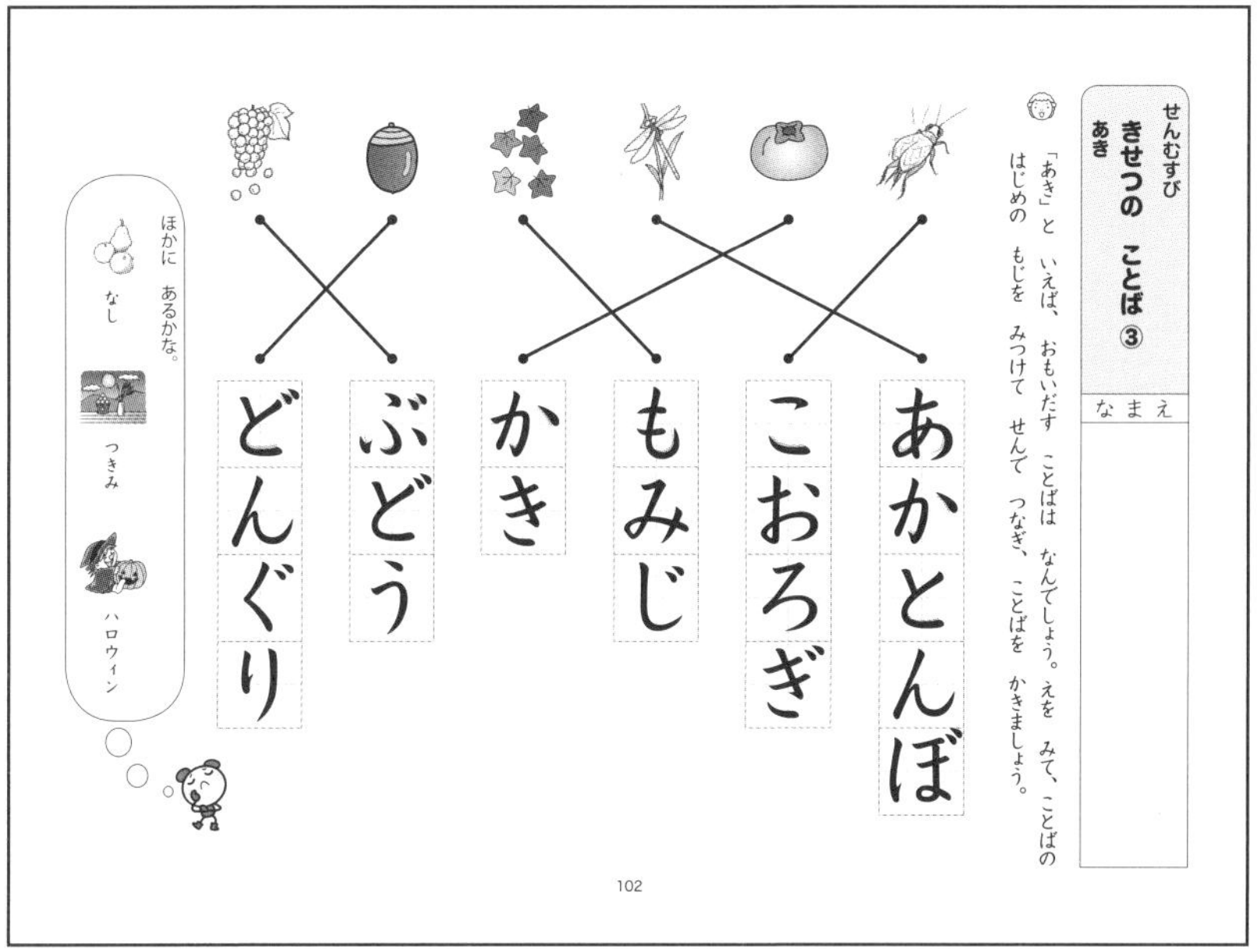

103 頁

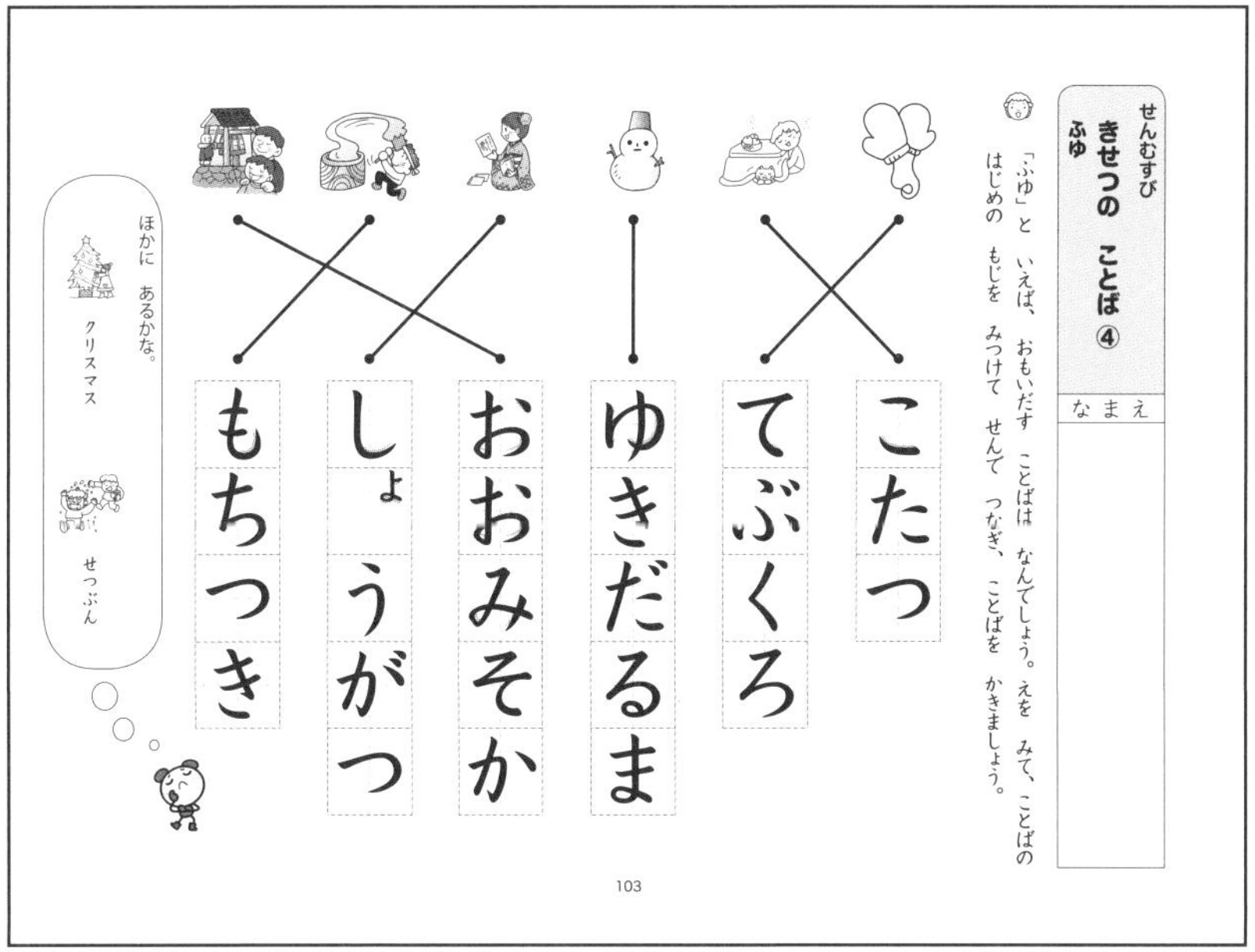

【本書の発行のためにご協力頂いた先生方】（敬称略）

阿野　美佐子（あの　みさこ）	京都府八幡市立中央小学校教諭　通級指導教室担当	
市川　巳栄（いちかわ　みえ）	京都府宇治市立北小倉小学校講師	※ 2017 年 1 月現在

【企画・編著】

原田　善造（はらだ　ぜんぞう）
学校図書教科書編集協力者
わかる喜び学ぶ楽しさを創造する教育研究所・著作研究責任者
元大阪府公立小学校教諭
（高槻市立芥川小学校特別支援学級教諭）

喜楽研の支援教育シリーズ
ゆっくりていねいに学びたい子のための
ことばあそび ①　文字と単語の抽出　似ている音　似ている文字
特殊音節　あいさつの言葉　季節の言葉

2017 年 1 月 10 日　第 1 刷発行
2025 年 4 月 2 日　第 8 刷発行

イラスト：山口 亜耶・白川 えみ・後藤 あゆみ
装　　丁：竹内 由美子・山口 亜耶
企画・編著：原田 善造・あおい えむ・今井 はじめ・さくら りこ・ほしの ひかり
堀越 じゅん
編集担当：中川 瑞枝
発行者：岸本 なおこ
発行所：喜楽研（わかる喜び学ぶ楽しさを創造する教育研究所）
〒 604-0854　京都府京都市中京区二条通東洞院西入仁王門町 26-1
TEL　075-213-7701　　FAX　075-213-7706
HP　https://www.kirakuken.co.jp
印　　刷：株式会社イチダ写真製版

ISBN 978-4-86277-205-3　　Printed in Japan